EL NIÑO Y SU MUNDO

Juegos para hacer pensar a los niños de 1 a 3 años

Jackie Silberg

Título original: *125 Brain Games for Toddlers and Twos*
Publicado en inglés por Gryphon House, Inc.

Traducción de Concha Cardeñoso

Ilustraciones de Laura D'Argo

Diseño de cubierta: Valerio Viano

Fotografía de cubierta: José Luis Peláez Inc. / Stock Photos

Distribución exclusiva:
Ediciones Paidós Ibérica, S.A.
Mariano Cubí 92 – 08021 Barcelona – España
Editorial Paidós, S.A.I.C.F.
Defensa 599 – 1065 Buenos Aires – Argentina
Editorial Paidós Mexicana, S.A.
Rubén Darío 118, col. Moderna – 03510 México D.F. – México

© 2000 Jackie Silberg

© 2001 exclusivo de todas las ediciones en lengua española:
   Ediciones Oniro, S.A.
   Muntaner 261, 3.º 2.ª – 08021 Barcelona – España
   (e-mail:oniro@ncsa.es)

ISBN: 84-95456-45-1
Depósito legal: B-153-2001

Impreso en Hurope, S.L.
Lima, 3 bis – 08030 Barcelona

Impreso en España – *Printed in Spain*

Dedicatoria
Este libro está dedicado a la capacidad de maravillarse y disfrutar
que tienen los niños pequeños.

Agradecimientos
Mi más expresivo agradecimiento a mi editora, Kathy Charner.
Tus ediciones siempre son excelentes y estimulantes, y tu afecto personal
significa mucho para mí en todo momento.

Gracias a Leah y Larry Rood, propietarios y editores de
Gryphon House, por vuestra maravillosa amistad y vuestro
apoyo positivo en todo lo que hago.

Índice

Introducción

Jugar con niños menores de tres años es una delicia; a estas edades, los niños son afectuosos, positivos, vitales, retadores, curiosos, encantadores, energéticos, graciosos, independientes, alegres, adorables, entrometidos, observadores, preciosos, confiados, escurridizos, sorprendentes e impredecibles.

Este libro pretende colaborar en el «crecimiento» del cerebro de estos adorables seres humanos jugando con ellos con una intención concreta. Las actividades como cantar, bailar, mecer, hablar, oler o saborear siempre estimulan el establecimiento de nuevas conexiones en el cerebro.

A la edad de tres años, el cerebro del niño ha establecido unos mil trillones de conexiones... el doble de las que tenemos los adultos. El cerebro del niño es superdenso, y así continúa a lo largo de los diez primeros años de vida. Hacia los once años, el cerebro del niño empieza a deshacerse de las conexiones sobrantes y comienza a ordenar la tupida maraña de «cables» que ha creado.

Algunas células del cerebro, llamadas neuronas, están integradas en otras células antes del nacimiento. Controlan el latido del corazón, la respiración y los reflejos que regulan otras funciones esenciales para la vida. Las demás conexiones cerebrales están ahí, esperando a que las «enchufen». Las células del cerebro están totalmente pensadas para establecer conexiones. Cada una de ellas envía señales a otras y recibe información de ellas. Dichas señales viajan, en forma de impulsos eléctricos, por el nervio de cada célula. Algunas sustancias químicas, como la serotonina, viajan de célula en célula creando conexiones. Cada célula puede conectarse con otras quince mil. La red de conexiones resultante, que es de una complejidad increíble, suele llamarse «cableado» o «sistema de circuitos». Las conexiones que las neuronas hacen entre sí se llaman sinapsis. Las ramificaciones receptoras de las células nerviosas, llamadas dendritas, crecen y se alargan para formar trillones y trillones de sinapsis. El peso del cerebro se triplica y alcanza casi el tamaño adulto. Aunque varias partes del cerebro se desarrollan a diferentes velocidades, son muchos los estudios que demuestran que el período de mayor producción de sinapsis es desde el nacimiento hasta los diez años aproximadamente.

¿Cómo sabe el cerebro las conexiones que debe conservar? Aquí es, precisamente, donde entran en juego las primeras experiencias. Las conexiones cerebrales se hacen permanentes por medio de la repetición. Y, al contrario, una conexión que no se utiliza nunca o que se utiliza poco no suele sobrevivir. Es muy fácil que un niño inmerso en el lenguaje desde el primer momento aprenda a hablar muy bien. Un niño al que se le arrulla sonriendo al mismo tiempo, y no con apatía, casi seguro que será emocionalmente receptivo. Si a un niño se le habla poco o se le lee poco durante los primeros años, es posible que tenga dificultades con el aprendizaje de la lengua más adelante. El niño con el que apenas se juega puede encontrar obstáculos más adelante, en lo referente a la adaptación social. «El niño que aprende a tocar el piano, aprende las conexiones necesarias y, veinte años más tarde, volverá a aprender a tocar con más facilidad que otro que no lo haya estudiado», dice Harry Chugani, un neurocientífico del hospital infantil y de la universidad estatal de Wayne, Detroit. Las sinapsis que no se utilizan repetidamente mueren, mientras que las demás permanecen.

Los científicos han aprendido más en los últimos diez años sobre el funcionamiento del cerebro humano que durante toda la historia anterior, y esos conocimientos se duplican a su vez cada diez años. El reciente descubrimiento de que las experiencias de la primera infancia conforman profundamente el cerebro infantil está cambiando los planteamientos teóricos sobre las necesidades de los niños. La investigación apoya además tres antiguas creencias. En primer lugar, que la capacidad individual para aprender y prosperar en una serie de entornos diferentes depende de la relación entre la naturaleza (la herencia genética) y la crianza (el tipo de cuidados, estimulación y enseñanzas que se reciben). En segundo lugar, que el cerebro humano está excepcionalmente construido para aprovechar la experiencia y las buenas enseñanzas, sobre todo durante los primeros años de vida. En tercer lugar, que, aunque las oportunidades y los riesgos sean mayores durante los primeros años, el aprendizaje tiene lugar a lo largo de todo el ciclo de la vida humana.

La mejor forma de favorecer el desarrollo de las conexiones cerebrales en los niños pequeños es dándoles lo necesario, es decir, un entorno interesante que explorar, seguro y poblado por personas que respondan a sus necesidades emocionales e intelectuales. La investigación sobre el cerebro apoya lo que ya sabíamos: los niños pequeños necesitan personas que los quieran y les ayuden en la vida, que les canten, que les abracen, que les hablen, que les lean..., y no rostros inmutables ante ellos. Todos los juegos de este libro desarrollan la capacidad cerebral de los pequeños de uno a tres años. Son los primeros ladrillos del aprendizaje futuro y un comienzo apto y sólido para los pequeños, además de divertido. Cada juego del libro guarda relación con alguna investigación sobre el cerebro. Podemos ayudar a los niños a crecer y a aprender haciéndoles preguntas con intención de que aprendan o de que se den cuenta de algo, poniendo a su alcance experiencias, actividades y juguetes diversos y, por supuesto, prodigándoles cariño y seguridad.

Si me acaricias con ternura y suavidad,
si me miras y sonríes,
si me hablas y me escuchas,
creceré mucho, mucho.

Anónimo

Juego de empujar

SEGÚN LOS ÚLTIMOS ESTUDIOS:

Si las neuronas conectadas con la vista y la capacidad motriz no se ejercitan a una edad temprana, más tarde carecerán de la «plasticidad» necesaria para adaptarse a muchas experiencias.

- A los pequeños les encanta empujar objetos. Les divierte ver el movimiento y saber que ellos lo han provocado.

- Empujar objetos da a los niños sensación de poder y control. Es, por tanto, una actividad muy adecuada para el desarrollo de la coordinación y de la confianza en sí mismos.

- Selecciona varios objetos muy ligeros para que el niño empuje, como muñecos de trapo, un juguete pequeño o cualquier juguete de empujar.

- Di: «Un, dos tres» y empuja uno de los juguetes.

- Repite la cuenta y anima al niño a que empuje él.

- Cuando el niño se pase el día diciendo «tes» (queriendo decir «tres»), sabrás que este juego le encanta.

2

SEGÚN LOS ÚLTIMOS ESTUDIOS:

Según el doctor Bruce Perry, psiquiatra de la facultad de Medicina de Baylor, es posible que los niños que no reciben los mimos suficientes en los primeros años de su vida no lleguen a desarrollar las «conexiones» adecuadas para establecer relaciones afectivas íntimas.

Montones de mimos

- ■ Este juego desarrolla la capacidad de cuidar y dar cariño.

- ■ Siéntate en el suelo con el niño y pon dos o tres de sus muñecos de trapo preferidos con vosotros.

- ■ Coge uno de los muñecos y abrázalo diciéndole cosas bonitas, como «¡Qué divertido es jugar contigo!» o «¡Qué pelo tan bonito tienes!» o «Me encanta abrazarte».

- ■ Ahora, haz lo mismo a tu hijo.

- ■ Después, da un muñeco al niño y dile que le dé abrazos y besos.

- ■ Continúa con el juego mientras mantenga el interés del niño. Verás qué pronto lo ves jugar a este juego por su cuenta.

La voz aguda

SEGÚN LOS ÚLTIMOS ESTUDIOS:

Los niños pequeños prestan mucha atención a las voces agudas y cantarinas y a través de ellas aprenden la importancia de las palabras.

■ Canta al niño canciones infantiles con voz aguda; por ejemplo: «Tengo una muñeca», «Todos los patitos», «Cinco lobitos»...

■ Con el niño en brazos, cerca de ti, cántale canciones de las dos maneras: primero con voz normal, después, con voz aguda.

■ Verás que el niño presta más atención cuando cantas con voz aguda.

**SEGÚN LOS
ÚLTIMOS
ESTUDIOS:**

Los componentes minerales de nuestro cuerpo son la materia prima necesaria para construir conexiones cerebrales. Una de las razones por las que algunos niños aprender a gatear antes que otros es porque producen minerales antes, en su proceso de crecimiento.

Gatear es un juego

■ Cuando el niño ya gatee, motívale a practicar con el juego siguiente.

■ Coloca un juguete que le guste mucho en un rincón de la habitación.

■ Agáchate y vete hasta el juguete gateando. Cuando llegues, lo recoges y finges que el juguete dice: «¡A ver, (nombre del niño), ven a buscarme!».

■ Anima al niño a que vaya gateando a recoger el juguete.

■ Si tu hijo está a punto de andar, coloca el juguete a un nivel un poco más alto para que intente ponerse de pie para recogerlo.

■ También es muy divertido jugar al corro gateando con el niño.

Uno, dos, tres, ¡pumba!

SEGÚN LOS ÚLTIMOS ESTUDIOS:

El contacto físico estimula el cerebro, el cual segrega hormonas importantes que permiten crecer al niño. El cariño es la clave del potente vínculo que se establece entre el niño y sus padres, pero la expresión de ese cariño afecta la forma en que su cerebro establece conexiones.

- Siéntate al niño en el regazo mirándote.

- Di: «Uno, dos, tres ¡pumba!». Al decir «¡pumba!», sujétale la cabeza y dale un golpecito muy suave con la tuya.

- Repite las palabras y, esta vez, chocad con la nariz al decir «¡pumba!».

- Continúa el juego chocando cada vez, siempre muy suavemente, con diferentes partes del cuerpo, como los hombros, las rodillas, las mejillas, las orejas, las barbillas...

6

En estudios recientes, se ha demostrado que el contacto con la música influye en el desarrollo del razonamiento espaciotemporal: la habilidad de ver una imagen descompuesta y reestructurarla de nuevo mentalmente pieza a pieza. En esta clase de razonamiento se basan las matemáticas, la construcción y otras disciplinas.

Nana, nanita ea

■ Toma al niño en brazos y mécelo mientras le cantas una nana o cualquier otra canción tranquilizadora, por ejemplo:

- «Duérmete, niño.»
- «Campanita del lugar.»
- «El mundo al revés.»
- «Pepito conejo.»

■ Sigue meciendo al niño con un movimiento tranquilizador, así se refuerza la confianza entre vosotros dos.

■ Al terminar cada canción, levanta un poco a tu hijo y dale un gran abrazo.

¡Cucú! ¿Tas?

**SEGÚN LOS
ÚLTIMOS
ESTUDIOS:**

Cada vez que se juega a cualquier juego de «escondite», se forman o se refuerzan miles de conexiones entre las células del cerebro y aumenta la definición y la complejidad del intrincado sistema de circuitos que permanecerá prácticamente en el mismo sitio durante toda la vida del niño.

■ Jugar a esconderse no sólo es divertido para el niño sino que además es muy importante para el «crecimiento» del cerebro.

■ Podéis jugar a «¡Cucú! ¿Tas?» de muchas formas, por ejemplo:

- Tapándote los ojos con las manos.

- Tapándote la cara con una toalla.

- Escondiéndote detrás de una puerta o de un mueble grande y asomándote.

- Tapando los ojos al niño con las manos y apartándolas enseguida.

- Poniendo un juguete o muñeco de trapo debajo de un paño y levantando el paño después.

- Dibujándote una cara en el dedo pulgar con un rotulador y escondiéndolo entre los otros dedos.

Juegos de leer

SEGÚN LOS ÚLTIMOS ESTUDIOS:

Leer o contar cuentos a los niños estimula el «crecimiento» del cerebro y propicia la asociación de los libros con lo que más les gusta del mundo: tu voz y tu compañía.

■ Existen muchas formas de desarrollar en el niño el gusto por la lectura, entre otras, las siguientes:

- Anima al niño a jugar con libros —de baño, de tela o de cartón grueso— que trabajen el tacto y la discriminación de formas y colores e incluso la discriminación de sonidos.

- Nómbrale los diversos objetos de las ilustraciones al tiempo que las señalas.

- Cántale las canciones infantiles de los libros.

- Varía el tono de voz, pon caras raras o haz otros efectos especiales cuando leas para estimular el interés del niño por los libros y los cuentos.

- Lee cuentos a tu hijo con frecuencia, pero en sesiones cortas.

Ñam, ñam

SEGÚN LOS ÚLTIMOS ESTUDIOS:

El niño aprende a interpretar los tonos de voz y las expresiones del rostro antes que las palabras. El aprendizaje emocional se entreteje en todos los dominios del aprendizaje.

- Mientras preparas la comida o un bocado entre horas, puedes desarrollar el conocimiento del lenguaje del niño cantando las siguientes frases, por ejemplo, con la música de «¿Dónde están las llaves?», por ejemplo.

    ¿Dónde está la leche? Matarile, rile, rile.

    ¿Dónde está la leche? Matarile, rile, ron,

    chin, pon.

- Saca entonces la leche de la nevera y di: «¡Caramba, cuánto me gusta la leche! ¡Ñam, ñam!».

- Haz lo mismo con otros alimentos u objetos de la casa. Enséñale el alimento, cántale algo alusivo y dile lo rico que es.

- Expresar emociones agradables al niño es muy positivo para el desarrollo del cerebro.

- Además, esta clase de juegos enriquece el conocimiento del lenguaje.

10

Para que su cerebro se desarrolle bien, es preciso que el niño se sienta querido, apoyado, que le hablen y le lean y que se le permita explorar su entorno.

Cosquillas con ritmo

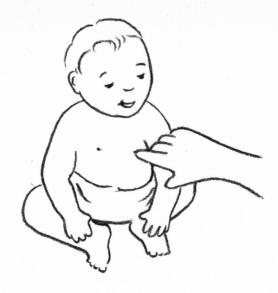

- Cuando estés cambiando el pañal al niño, bañándolo o en cualquier otro momento, hazle cosquillas o dale un golpecito con un dedo en el estómago o en la espalda siguiendo un ritmo.

- Siempre que termines la canción, dale un beso muy cariñoso.

- También puedes cantar un verso y darle un golpecito sustituyendo una palabra determinada. Por ejemplo: «Cucú cantaba la...» (dale un golpecito en la palabra «rana» pero no la pronuncies).

- Este juego contribuye al desarrollo del sentido del ritmo y de la capacidad de escuchar.

Aserrín, aserrán

SEGÚN LOS ÚLTIMOS ESTUDIOS:

La interacción positiva con adultos cariñosos estimula el cerebro del niño porque produce sinapsis nuevas y refuerza las conexiones existentes.

■ Este divertido juego de columpiar al niño es una experiencia que os une mucho a los dos.

■ Ponte al niño en el regazo mirándote y sujétale firmemente por debajo de los brazos.

■ Cántale una canción al tiempo que lo haces rebotar suavemente sobre las rodillas. Por ejemplo:

Aserrín, aserrán,

maderucos de San Juan

unos vienen y otros van.

Los del rey sierran bien,

los de la reina también.

Los del duque... ¡Truque, truque!

■ Al decir «¡Truque, truque!», le sujetas la cabeza y, echándolo un poco hacia atrás, le haces cosquillas en el estómago con la cara.

■ Repite la canción, pero en el «¡Truque, truque!» déjale caer un poquito hacia atrás, sujétalo enseguida y hazle cosquillas en el estómago con la cara.

■ Hazlo otra vez, pero ahora, separa las piernas al decir «¡Truque, truque!» y déjale caer un poquito sin soltarlo nunca. Luego acércatelo a la cara y dale un gran abrazo.

12

Los niños que en la infancia cuentan con cuidadores cariñosos, coherentes y sensibles desarrollan, en la infancia, aptitudes sociales y cognitivas superiores respecto a los niños que no han recibido el beneficio de una atención semejante.

Duérmete pronto

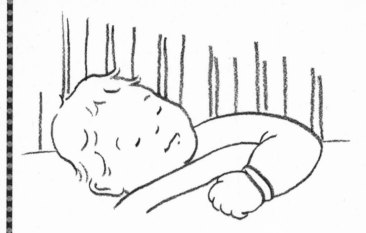

■ Ponte al niño en el regazo y dile los siguientes versos. Estírale los brazos hacia arriba cuando digas la palabra «alto» y hacia los pies cuando digas «chiquito».

> *Si duermes mucho,*
> *¡qué alto te harás!*
> *Si duermes poco,*
> *¡chiquito te quedarás!*

■ Si tienes la espalda fuerte, podéis hacer el mismo juego pero de pie. Levanta al niño en el aire al decir la palabra «alto» y bájalo hasta el suelo al decir «chiquito».

■ Todas las actividades que el niño y tú hagáis juntos y que os diviertan reforzarán los vínculos entre ambos.

Juego de la cantinela

Hablar con el niño pequeño aumenta el número de palabras que pronto reconocerá y comprenderá. También aprende mejor si se le habla de vez en cuando con una cantinela.

■ Este divertido juego potencia las habilidades lingüísticas del niño.

■ En vez de decirle palabras con voz normal, utiliza una cantinela, canta las palabras subiendo y bajando el tono de voz.

■ Una cantinela es, por ejemplo, cantar «El corro de la patata» diciendo sólo «na, na, na».

■ Canta frases como «Vamos a jugar con los cubos» o «Voy a hacerte cosquillas».

■ Siéntate en el suelo con el niño y ponte en el regazo uno de sus muñecos favoritos. Canta una cantinela al muñeco y luego dáselo al niño.

■ Si intenta imitarte, no tardarás en oírle jugar a este juego él solo.

Ejercitar los músculos pequeños estimula el crecimiento cerebral. Las investigaciones han verificado los efectos positivos del movimiento de los dedos y las manos sobre el cerebro.

Caja de sorpresas

■ Este juego desarrolla la motricidad fina.

■ Di las siguientes frases haciendo los movimientos que describen.

>*Esta casita cerrada está.* (Cierra una mano tapando el pulgar con los otros dedos.)
>
>*¡Vamos a llamar!* (Llama en el puño con la otra mano.)
>
>*Uno, dos, tres y cuatro.* (Sigue llamando.)
>
>*¡Cuidado, que salta el gato!* (Saca el pulgar del puño como si saltara movido por un resorte.)

■ Repite el juego y anima al niño a imitar tus movimientos.

Sonidos buenos, sonidos malos

DE 12 A 15
MESES

15

SEGÚN LOS
ÚLTIMOS
ESTUDIOS:

El desarrollo del
cerebro durante
los dos primeros
años de vida
afecta en gran
medida a la
estabilidad
emocional.

■ Hay sonidos y ruidos que pueden asustar mucho
a los pequeños.

■ Ayudar a tu hijo a identificar los ruidos y sonidos que oye
contribuye a que los reconozca como buenos.

■ Escuchad el sonido del despertador e intentad imitarlo.

■ Recorred las habitaciones escuchando los ruidos que hay e
identificad, por ejemplo, los sonidos del termostato de la
calefacción, del congelador o de la radio encendida.

■ Buscad más cosas que hagan ruido, como una puerta, una
ventana o un cajón al abrirse o cerrarse.

DE 15 A 18 MESES

16

SEGÚN LOS ÚLTIMOS ESTUDIOS:

Las investigaciones demuestran que las experiencias sensoriales y la interacción con adultos bien dispuestos desarrollan las capacidades mentales.

Los nombres

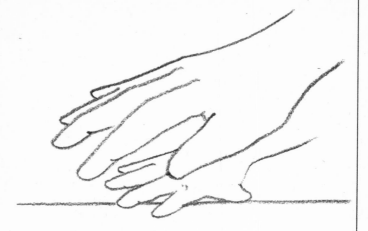

■ Este juego estimula el desarrollo de las capacidades mentales.

■ Cuando los pequeños están aprendiendo a hablar, les gusta repetir su nombre muchas veces, incluso aplican su nombre a los demás porque no han aprendido que el nombre y la persona van unidos.

■ Para enseñar al niño que las personas y los objetos reciben nombres distintos, toca un objeto, la mesa, por ejemplo.

■ Toma la mano del niño y colócasela en la mesa diciendo: «mesa».

■ Ahora di: «(el nombre del niño) toca la mesa» y ayúdale a ejecutar la acción al mismo tiempo.

■ Repetid el juego tocando otros objetos o partes del cuerpo del niño.

■ Hacedlo también con otras personas a las que el niño conozca.

Primeros bloques lógicos

SEGÚN LOS ÚLTIMOS ESTUDIOS:

Aunque la motricidad general y la fina comparten los mismos fundamentos físicos, se desarrollan por separado. Si, una semana, un niño invierte un gran esfuerzo en habilidades de motricidad general, no puede dedicarse mucho a las de motricidad fina al mismo tiempo.

■ Haz unos cubos de usar y tirar con cartones pequeños de leche.

■ Ciérralos por todas partes con celo y envuélvelos en papel adhesivo.

■ Anima al niño a adornarlos con pinturas adecuadas o con pegatinas.

■ Juega a apilarlos con el niño y felicítalo cada vez que logre colocar uno encima de otro.

■ Muchas veces, tu hijo disfrutará más echando las torres abajo que construyéndolas.

■ La ventaja de estos cubos es que puedes tirarlos en cuanto se estropeen un poco.

■ Adornar los cubos y jugar a hacer torres con ellos contribuye al desarrollo de la motricidad fina.

El cerebro del niño prospera gracias a las respuestas que obtiene del entorno según sus acciones. Se «conecta» solo y se convierte en un órgano inteligente y emocional basado en sus experiencias.

Seguir al rey

■ Jugar con tu hijo a que te imite en diferentes actividades le ayuda a desarrollar las capacidades de observación y atención.

■ Si el niño ya gatea, vete gateando a rincones diversos de la habitación y haz alguna tontería.

■ Si el niño ya anda, haz lo mismo, pero andando, o combina los pasos con el gateo.

■ Describe lo que haces. Por ejemplo: «Ando (o gateo) despacio alrededor de la silla».

■ Aquí tienes algunas ideas:

- Gatea o camina hasta la pared y di «¡ta ti!».

- Gatea o camina hasta la puerta y cuenta hasta tres.

- Describe un círculo andando y siéntate diciendo: «¡chi chi bum!».

Canciones

SEGÚN LOS ÚLTIMOS ESTUDIOS:

Cuanto antes se ponga al niño en contacto con la música, más facilidad tendrá para aprender música y disfrutarla.

■ Disfruta cantando con tu hijo a cualquier hora del día: en el coche, esperando en la cola del supermercado o en la sala de visita del médico. Cualquier momento es bueno para cantar.

■ Desarrolla la facilidad y la sensibilidad de tu hijo para la música cantándole desde el primer momento. No te preocupes si cambias el tono o la letra de las canciones, lo importante es disfrutar del hecho de cantar. A continuación detallo una pequeña lista de canciones infantiles, pero sirve cualquier canción que sepas y te guste.

- «Pepito Conejo.»

- «Caracol, col, col.»

- «Tres hojitas, madre.»

- «¡Que llueva, que llueva!»

- «El patio de mi casa.»

- «Vamos a contar mentiras.»

- «Antón Pirulero.»

- «Estaba la pájara pinta.»

20

Leer en voz alta a los niños les estimula la imaginación y les amplía la comprensión del mundo que los rodea. Además contribuye al desarrollo de la capacidad de atención y de las destrezas del lenguaje y les prepara para la comprensión de la palabra escrita.

Los cuentos

■ Este juego desarrolla la destreza prelectora del niño y favorece la inclinación a los libros y a la lectura.

■ Leer cuentos a los niños menores de tres años puede ser un poco decepcionante. Es importante tener en cuenta que, a esta edad, el niño es incapaz de estarse quieto y sentado más de dos o tres minutos seguidos.

■ A los pequeños les atraen los libros con fotografías de niños haciendo actividades conocidas, como comer, correr o dormir.

■ También dan buen resultado los libros sobre el saludo y la despedida.

■ Otros criterios importantes para escoger libros para esta edad son: rimas sencillas y textos predecibles.

■ El interés del niño por un cuento aumenta si sustituyes el nombre del protagonista por el de tu hijo.

■ Se puede leer en cualquier parte: en la cama, en la bañera (con libritos de baño, claro está), sentados en el suelo, en un columpio...

El tacto

21

Los niños que crecen en un entorno donde el recurso del lenguaje es constante casi siempre hablan con soltura hacia los tres años. Los niños que viven sus primeros años con escaso contacto con el lenguaje pocas veces llegan a dominarlo en la edad adulta, por muy inteligentes que sean y mucho que se les enseñe.

■ Este juego desarrolla la consciencia del tacto y el lenguaje del niño.

■ Coloca en un montón varios objetos de textura diferente para que tu hijo las conozca, por ejemplo, algo duro (una pieza de construcción) y algo blando (un muñeco de trapo o de goma blanda).

■ Llévale la mano al objeto duro que hayas seleccionado y di el nombre del objeto con la palabra «duro» a continuación: «Cubo duro». Luego, llévale la mano a otro objeto que también sea duro y haz la mismo: «Mesa dura».

■ Repítelo varias veces antes de enseñarle objetos blandos, como una alfombra o un cojín.

■ Cuando digas la palabra «duro», adopta un tono de voz duro; cuando digas «blando», adopta un tono suave.

SEGÚN LOS ÚLTIMOS ESTUDIOS:

Los niños pequeños se enamoran de sus padres. Los psicólogos lo llaman «cariño». La teoría del cariño, postulada por primera vez por el psiquiatra británico John Bowlby hacia 1950, sigue siendo una de las más duraderas del siglo XX en lo que a desarrollo humano se refiere.

Juego de abrazos

■ Abrazar a tu hijo es una forma muy importante de construir su capacidad cerebral.

■ En momentos de peligro, los abrazos son más importantes aún.

■ Si tu hijo se despista y llega a un lugar donde no puede ir, cógelo en brazos y abrázalo mientras le explicas: «No puedes ir ahí porque es peligroso».

■ Por tu tono de voz, entenderá que lo que ha hecho no tiene que repetirlo.

■ Por la forma en que lo abrazas mientras se lo explicas, también entenderá que te preocupas por él y que quieres protegerle.

■ Este comportamiento engendra confianza.

La hora de dormir es delicada

23

SEGÚN LOS ÚLTIMOS ESTUDIOS:

Los niños pequeños y sus padres están biológicamente «conectados» para forjar un vínculo emocional íntimo que se desarrolla lentamente en el niño durante los primeros años de vida a través de un diálogo continuo de arrumacos, miradas y sonrisas.

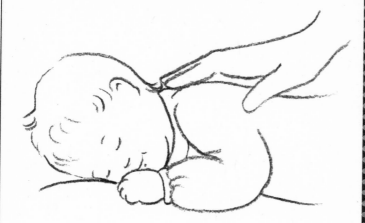

■ Es muy importante consolidar una rutina a la hora de poner al niño a dormir. De esta forma, le proporcionas una sensación de confianza y estabilidad.

■ Acariciarle la espalda y cantarle algo suave son formas agradables de relajar a tu energético hijito, que se ha pasado el día corriendo y saltando.

■ Acaríciale la espalda mientras le cantas cualquier cosa con la música de «Lego Diego», por ejemplo:

> *Buenas noches, buenas noches.*
> *Duerme bien, duerme bien.*
> *Sueña cosas dulces, sueña cosas dulces.*
> *A dormir, a dormir.*

Todo habla

SEGÚN LOS ÚLTIMOS ESTUDIOS:

Hablar despacio, vocalizando con cuidado, hace que el niño pequeño se acostumbre a las palabras. También es efectivo enfatizar o repetir alguna palabra.

■ He aquí un juego divertidísimo que desarrolla la habilidad del niño con el lenguaje.

■ Toma uno de los muñecos de trapo que más gusten a tu hijo, como un osito, por ejemplo, y llévatelo al oído como si estuviera diciendo algo y lo escucharas. Di a tu hijo que el osito ha dicho: «Vamos a jugar».

■ Cuando repitas lo que ha dicho el osito, hazlo con voz aguda.

■ Da el osito al niño y pregúntale qué cree que ha dicho el osito.

■ Sigue jugando, preguntando al niño lo que dicen los juguetes u objetos diversos de la habitación. Por ejemplo, una silla puede decir «blanda» o «siéntate».

■ Siempre que hables por un juguete u objeto, pon la voz aguda.

Abre la puerta

El cariño seguro y fuerte hacia el adulto que cuida al niño (vínculo) puede cumplir una función protectora que ayuda al niño que está creciendo a soportar las tensiones ordinarias de la vida diaria.

■ Siéntate al niño en el regazo.

■ Tómale la mano y enséñale a cerrarla en forma de puño.

■ Di las frases siguientes al tiempo que «llamas» con un dedo en el puño del niño:

> *Julián llama a la puerta.* (Utiliza el nombre del niño.)
>
> *Julián llama a la puerta.*
>
> *Julián llama a la puerta.*
>
> *Abre la puerta y déjale pasar.* (Enséñale a abrir el puño.)

■ Cuando abra el puño, le haces cosquillas en la palma de la mano y le besas los dedos.

■ Repetid el juego varias veces, verás que tu hijo no tardará en abrir el puño en cuanto oiga la palabra «abre».

Rodar la pelota

SEGÚN LOS ÚLTIMOS ESTUDIOS:

Es necesario repetir todos los movimientos nuevos muchas veces para fortalecer los circuitos neuronales que salen de las zonas cerebrales del pensamiento y se rebobinan en la corteza motriz, desde donde parten los nervios que conectan con los músculos.

■ A esta edad, al niño le divierte mucho echar a rodar una pelota.

■ Favorece el desarrollo de las destrezas motrices mandándole una pelota rodando y animándole a que te la mande él a ti.

■ Siéntate en el suelo con el niño. Llámalo para que te mire y, entonces, échale la pelota rodando por el suelo.

■ Después, dile que te la mande él a ti.

■ Cuando le eches la pelota di, por ejemplo: «Mando la pelota a...» (nombre del niño).

■ Cuando te la devuelva, di, por ejemplo: «(nombre del niño) manda la pelota a...» (papá, mamá, etc).

■ Acuérdate de decir las frases cuando la pelota esté ya en movimiento.

Clo, clo, clo

SEGÚN LOS ÚLTIMOS ESTUDIOS:

Ejercitar los músculos pequeños, mediante juegos con los dedos por ejemplo, estimula el crecimiento del cerebro. Las investigaciones han verificado los efectos positivos de los movimientos de los dedos y de la mano en el cerebro.

■ Este juego de dedos es muy divertido y desarrolla la motricidad fina de tu hijo además de haceros pasar un buen rato. Jugad primero con una mano y después con la otra.

■ Siéntate al niño en el regazo y dile que cierre una mano. Recítale las frases siguientes ayudándole a hacer la acción correspondiente:

> *Éranse cinco pollitos* (ábrele la mano separando los dedos)
>
> *que salieron a pasear.* (Muévele los dedos como si anduvieran.)
>
> *Éste se fue al monte* (escóndele el meñique),
>
> *éste encontró un huevo* (escóndele el anular),
>
> *éste lo cascó* (escóndele el corazón),
>
> *éste lo frió* (escóndele el índice)
>
> *y éste, el más gordito de todos* (tócale el pulgar),
>
> *¡enterito se lo comió!* (Besa al niño en el pulgar.)

28

Juguetes con sonido

SEGÚN LOS
ÚLTIMOS
ESTUDIOS:

Durante los
primeros años de
desarrollo del
niño, el contacto
con sonidos y
estímulos
musicales
diversos potencia
y favorece la
capacidad de
escuchar.

■ Piensa en los juguetes preferidos de tu hijo y anímale a reproducir los sonidos o ruidos que puedan hacer.

- Trenes: sonido del tren.

- Coches: sonidos de los coches.

- Animales de peluche: inventad voces.

- Muñecas: inventad voces.

- Cubos de construcción: cuanto más alta sea la torre, más potente será la voz.

De paseo por el parque

SEGÚN LOS ÚLTIMOS ESTUDIOS:

Ayudar a «crecer» al cerebro del niño significa sumergirlo en entornos con abundancia de estímulos tanto emocionales como intelectuales.

■ Este juego desarrolla las habilidades lingüísticas del niño.

■ A los pequeños les encantan los animales de trapo y muchas veces oirás a tu hijo charlando animadamente con alguno.

■ Comienza con tu hijo un juego en el finjáis que vais al parque con los animales de juguete.

■ Haz preguntas que le inciten a contestar, por ejemplo: «¿Qué crees que tendría que ponerse hoy el osito?»; «¿Hace frío en la calle?»; «Si el osito no se pone zapatos, ¿qué le pasará en los pies?».

■ Otras preguntas podrían ser: «¿Qué nos llevamos al parque para merendar?» o «¿Qué le gusta comer al mono?».

■ Responde siempre a lo que el niño diga, porque así lo animas a seguir hablando.

■ Las habilidades lingüísticas son esenciales también más adelante y cuando el niño aprenda a leer.

30

Cuando un niño oye los sonidos de una lengua, se forman asociaciones neuronales en el cerebro que le permiten construir un vocabulario de dicha lengua.

Bonjour y *good morning*

■ A esta edad, el niño se encuentra en un momento idóneo para entrar en contacto con otras lenguas.

■ Si eres bilingüe, habla a tu hijo en ambas lenguas, pero aunque sólo hables una, trata de decirle «hola» en otras.

> *Hello* (jelou): inglés.
>
> *Ciao* (chao): italiano.
>
> *Moshi* (mosi): japonés.
>
> *Jambo* (yombou): africano.
>
> *Shalom* (salom): hebreo.
>
> *Yasu* (yasu): griego.

■ Escuchad canciones en otras lenguas; te asombrará la rapidez con que tu hijo es capaz de captarlas. Aunque no diga las palabras, su cerebro manda las señales necesarias para que retenga la nueva lengua.

■ Léele cuentos que incorporen otras lenguas, además de la vuestra materna.

Este pie es de mi bebé

SEGÚN LOS ÚLTIMOS ESTUDIOS:

Los adultos pueden fomentar actitudes risueñas en los niños por medio de las sonrisas y el entusiasmo. Lo que los niños sienten sobre sí mismos y sobre el mundo que los rodea se refleja en sus relaciones con las personas que más se ocupan de ellos.

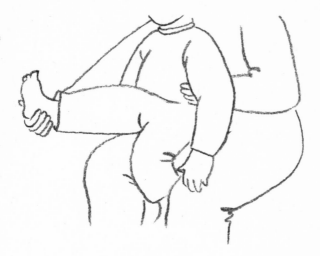

■ Siéntate en el suelo con el niño en el regazo.

■ Levántale un pie y di:

> *Este pie es de mi bebé.*
> *Este pie es de mi bebé.*
> *Se mueve a la izquierda* (muévele el pie hacia la izquierda),
> *se mueve a la derecha.* (Muéveselo hacia la derecha.)
> *Este pie es de mi bebé.*

■ Besa al niño en el pie.

■ Repite las frases mientras el niño esté a gusto sentado en tu regazo. También puedes aplicar el juego a diferentes partes del cuerpo.

> *Esta mano...*
> *Este dedo...*
> *Esta cabeza...*

Las vacas hacen ¡muuu!

■ A los pequeños les encanta aprender voces de animales, cosa que también contribuye al desarrollo de su lenguaje incipiente.

■ Los niños necesitan reproducir todos los sonidos posibles. Cuanto más hablen, más ganas tendrán de hablar.

■ Mirad libros con ilustraciones de animales y hablad de la voz que hace cada uno.

■ Imita la voz de cualquier animal que tu hijo reconozca y pídele que te señale en las ilustraciones el animal al que has imitado.

■ Aumenta el repertorio con otros sonidos: de coches, de bomberos, de pájaros, etc.

■ Ayuda al niño a identificar los sonidos de su entorno.

Muecas en el espejo

DE 18 A 21 MESES

33

SEGÚN LOS ÚLTIMOS ESTUDIOS:

Las experiencias sensoriales y la interacción social con adultos cariñosos ayudan al niño a desarrollar el pensamiento.

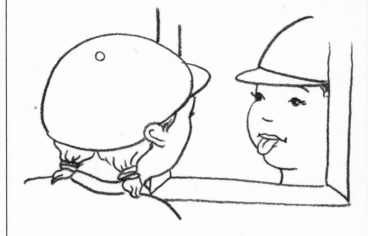

■ Poneos delante de un espejo y deja que tu hijo se mire haciendo muecas raras.

■ Mientras se mira en el espejo, dile que haga lo siguiente:

- Sonreír.

- Sacar la lengua y mirarla con atención.

- Abrir y cerrar la boca.

- Mirarse los dientes.

■ Dale algo de comer y que se mire masticando (con la boca cerrada, claro).

■ Este juego le ayuda a tomar mayor conciencia de sí mismo y de lo que sabe hacer.

34

El ejercicio conforma y refuerza los puentes neuronales necesarios para aprender las materias académicas a las que más tarde tienen que hacer frente.

El gato y el ratón

- Di a tu hijo que eres un ratoncito y que él es un gato que va a cazarte.

- Dile que el ratón hace: «ñiiic, ñiiic», y que el gato hace: «miau, miau».

- Ponte en el suelo y di: «¡A que no me pillas!». Entonces, empieza a gatear rápidamente y anima al niño a que te persiga.

- Gatea por detrás de los muebles, por debajo de las mesas y por otras habitaciones.

- Cuando el niño entienda el juego, cambiad los papeles.

- Es una forma deliciosa de desarrollar los grandes músculos motores.

Arriba y abajo

SEGÚN LOS ÚLTIMOS ESTUDIOS:

El aprendizaje de conceptos como «arriba» y «abajo» promueve conexiones que desarrollan la capacidad cerebral.

■ Siéntate en el suelo con el niño.

■ Toma tres o cuatro cubos y construye una torre.

■ Coge un juguete, ponlo encima de la torre y di: «el juguete está arriba».

■ Tira el juguete al suelo y di: «El juguete está abajo».

■ Repite el juego, pero que sea el niño quien cambie el juguete de lugar.

36

Las experiencias de la primera infancia causan un impacto definitivo que determina físicamente las «conexiones» de los intrincados circuitos del cerebro.

Cambiar la voz

■ Hablar y cantar cambiando la voz es una forma idónea de estimular el desarrollo del lenguaje.

■ Canta una canción sencilla que sepas.

■ Primero, cántala con voz normal.

■ Después, cambia la voz y procura que el niño también lo haga. Probad voces diferentes, por ejemplo:

- Voz aguda.

- Voz grave.

- Voz suave.

- Voz nasal (canta tapándote la nariz).

■ Este juego enseña al niño registros de voces diferentes.

El amigo imaginario

SEGÚN LOS ÚLTIMOS ESTUDIOS:

El cerebro crece a una velocidad extraordinaria durante los primeros años de vida; estos primeros años son, por tanto, un momento excepcional para el aprendizaje que no vuelve a repetirse en la vida.

■ En un vaso de cartón, corta un círculo pequeño en un lado.

■ Procura que el orificio resultante sea suficientemente grande como para que te quepa un dedo. El dedo será la nariz de la marioneta.

■ Dibuja los ojos y una sonrisa alrededor del orificio.

■ Habla con tu hijo a través de la marioneta y dile cosas positivas de él.

■ Di, por ejemplo: «me gustas», o «tienes unas sonrisa muy bonita».

■ Hazle preguntas que sea capaz de responder y alábale las respuestas.

38

Los niños aprenden la lengua oyendo las palabras muchas veces. Por esa razón, cuanto antes empecemos a hablar con ellos, mejor.

Palabras, palabras y más palabras

- ■ Recorta de las revistas imágenes de cosas conocidas, como animales, bebés y alimentos.

- ■ Mirad juntos los recortes y hablad de cada uno de ellos.

- ■ Por ejemplo, enséñale una vaca y dile: «La vaca vive en la granja. La vaca hace "muuu, muuu"».

- ■ Después, pregunta al niño lo que hace la vaca. Si no te contesta, repite las palabras una vez más.

- ■ Enséñale el recorte del bebé y di: «El niño está en la cuna. El niño dice "gu, gu"». Luego, pregúntale qué dice el niño del recorte.

- ■ Hablad de un recorte que el niño ya haya visto y después, añade otro.

- ■ Deja escoger un recorte a tu hijo y que te cuente algo, o bien inventa un cuento sencillo sobre la imagen.

Quiero mucho a una persona

Los niños que tienen un entorno acogedor desde los primeros momentos de la vida suelen desarrollar un coeficiente de inteligencia superior y adaptarse a la escuela con mayor facilidad.

■ Desarrolla la capacidad de escuchar de tu hijo diciéndole frases y rimas sencillas que aludan a él positivamente, por ejemplo:

> *Quiero mucho a una persona.*
>
> *¿Sabes de quién hablo?*
>
> *Ahora doy un par de vueltas* (da un par de vueltas)
>
> *¡y a ti te señalo!* (Señala a tu hijo.)
>
> *Jackie Silberg*

■ Pide a tu hijo que dé vueltas mientras tú repites las frases.

■ Repítelo una vez más y cambia la acción. En vez de dar vueltas, salta, aplaude, vuela, etc.

■ Este juego desarrolla la capacidad de escuchar del niño porque tiene que prestar atención para saber lo que debe hacer.

40

SEGÚN LOS
ÚLTIMOS
ESTUDIOS:

Las experiencias
a edad temprana
son críticas. Si se
ofrece la misma
clase de
experiencias
durante el mismo
período de
tiempo a un niño
de diez años, no
producen efectos
tan profundos
como en un niño
de uno o dos
años.

Hablemos

■ Hablar con tu hijo le ayuda a desarrollar habilidades lingüísticas.

■ Escoge un tema que le interese, por ejemplo, sus juguetes, los abuelos, algún animal de compañía...

■ A medida que habléis del tema escogido, introduce términos descriptivos. Por ejemplo, dile: «Me gusta este conejito porque es suave y amoroso».

■ Mientras lo dices, acaricia al conejito y dale mimos.

■ Da el muñeco a tu hijo y repite las palabras procurando que el niño le dé mimos mientras tanto.

■ Las palabras «suave» y «amoroso» pueden aplicarse a otros juguetes.

■ Estas palabras descriptivas no tardarán en formar parte del vocabulario de tu hijo.

Cantemos

SEGÚN LOS ÚLTIMOS ESTUDIOS:

Los juegos musicales suelen combinar movimientos rítmicos con palabras o canciones. Las células cerebrales que controlan estas actividades también regulan los impulsos motores, por eso, estas actividades desarrollan la capacidad de control del movimiento en los niños.

- Las muñecas y los animales de peluche o de trapo son amigos muy queridos de los niños a esta edad.

- Cantar con uno de estos juguetes contribuye a desarrollar el lenguaje del niño.

- Coge un muñeco de trapo y póntelo en el regazo.

- Canta una canción cualquiera y ejecuta movimientos que encajen. Aquí tienes algunos ejemplos de canciones con movimientos de acompañamiento.

    «Lunes, antes de almorzar.» (El muñeco hace las acciones que dice la canción: coser, planchar o cualquier otra que te inventes.)

    «Tres hojitas, madre, tiene el arbolé.» (El muñeco puede enseñar tres dedos y señalar las partes que describe la canción.)

    «Viva la media naranja.» (Al decir «ferrocarril», haz como si el muñeco fuese por una vía, o por el mar cuando dice «vapor».)

- Da el muñeco al niño y ayúdale a ejecutar la acciones con el muñeco mientras cantas la canción.

SEGÚN LOS
ÚLTIMOS
ESTUDIOS:

El cerebro llega a dominar muchas más actividades y con mayor facilidad durante esta etapa del desarrollo que durante cualquier otra. En ningún momento de la vida nos afectan tan profundamente las experiencias.

Mucho movimiento

■ Para desarrollar las habilidades motrices de tu hijo, canta las siguientes frases con la música de «Quinto, levanta», por ejemplo, y ejecuta las acciones que se indican.

Arriba las manos, arriba, arriba, arriba.

Arriba las manos y pam, pam, pam (palmadas).

Abajo las manos, abajo, abajo, abajo.

Abajo las manos y pam, pam pam (palmadas).

■ Otras ideas pueden ser:

Patada al aire...

Brazos a un lado...

De pie enseguida y anda, anda, anda...

Los clásicos

SEGÚN LOS ÚLTIMOS ESTUDIOS:

Cuando los niños escuchan música clásica, se refuerzan los circuitos cerebrales relacionados con las matemáticas. Escuchar música clásica también potencia los esquemas inherentes del cerebro que se utilizan en tareas complejas de razonamiento.

- Escuchar música clásica es una actividad maravillosa para hacer con tu hijo.

- Baila con la música y anima al niño a hacer lo mismo.

- La música rápida también está bien porque da pie a movimientos como volar, correr y desarrollar mucha actividad física.

- La música clásica suave y dulce es excelente para la siesta.

- Aquí tienes algunas ideas de música clásica.

  «El Danubio azul» (Johann Strauss): música contagiosa que obliga a bailar.

  «El carnaval de los animales» (Camille Saint-Saëns): los instrumentos imitan voces de animales.

  «Obertura de Guillermo Tell» (Gioccino Rossi): música animada y familiar.

  «El cascanueces» (Peter Ilyitch Tchaikovsky): excelente para representar.

  «Claro de luna» (Claude Debussy): música que describe la luz de la luna.

El vocabulario de un adulto está determinado en buena parte por el habla que oyó durante los tres primeros años de vida.

Salta, brinca

■ Desarrolla el aprendizaje del lenguaje de tu hijo recitándole las siguientes frases y ejecutando las acciones.

Salta, brinca, salta, brinca. (Salta como un conejo.)

Salta, brinca ¡alto! (Deja de saltar.)

¡Estoy muy cansado! (Bosteza.)

Ahora mismo me tumbo en el prado. (Túmbate en el suelo.)

Jackie Silberg

■ Cuando acabes de saltar, pregunta a tu hijo por qué estaba tan cansado el conejo.

■ Hablad de los lugares donde haya podido irse el conejo: al patio de casa, a los pisos de abajo, detrás de un arbusto o al jardín.

■ Enseña las palabras a tu hijo y, antes de que te des cuenta, habrá inventado sus propias rimas.

Los animales hablan

DE 18 A 21 MESES

SEGÚN LOS ÚLTIMOS ESTUDIOS:

Escuchar, observar y poner las experiencias en palabras demuestra interés en el niño y le hace sentir que sus pensamientos y sus palabras son importantes.

■ A los pequeños les encanta imitar la voz de los animales y este juego les ayuda a asociar cada una con su animal.

■ Empezad con dos o tres animales solamente.

■ Di lo siguiente:

> *¿Qué hacen los perros?*
>
> *¡Guau, guau, guau!*
>
> *¿Qué hacen los gatos?*
>
> *¡Miau, miau, miau!*
>
> *¿Qué hacen los peces?*
>
> *Los peces sólo hacen...* (Abre y cierra la boca como un pez.)

■ La siguiente vez que juguéis a este juego, empieza con animales conocidos, como el perro o el gato, y después introduce uno nuevo y su voz. Es buena idea mirar unas ilustraciones antes de empezar el juego.

■ Termina siempre con el pez. Los finales conocidos infunden seguridad al niño.

DE 18 A 21 MESES

46

SEGÚN LOS ÚLTIMOS ESTUDIOS:

Es necesario dar al niño una amplia variedad de estímulos sensoriales –colores, música, lenguaje, sonidos mecánicos y naturales, tacto, olfato, gusto– para que, cuando crezca, su capacidad cerebral para el aprendizaje sea lo más flexible posible.

Escucha el sonido

- Lleva al niño a un parque o plaza.

- Ayúdalo a identificar los sonidos agradables del exterior.

- Empezad por escuchar a los pájaros. Cuando oigáis piar a uno, trata de imitarlo y di a tu hijo que estás haciendo «la voz del pájaro».

- Sigue haciéndolo un rato hasta que el niño identifique el sonido, verás cómo intenta imitarlo a pleno pulmón.

- Descúbrele más sonidos, como el silbido del viento o el cri cri de los grillos.

- Identificad otros sonidos del entorno, como el ruido de los coches, el de las motos o el del tren.

Acentos importantes

SEGÚN LOS
ÚLTIMOS
ESTUDIOS:

Los científicos
han descubierto
que los niños
pequeños
prefieren
claramente las
palabras en las
que se acentúa la
primera sílaba.

■ La repetición de rimas sencillas es una forma muy agradable de desarrollar el lenguaje y las destrezas de prelectura necesarias.

■ Jugad con las rimas que tu hijo ya conozca.

■ Di la rima que hayas escogido y acentúa la primera sílaba de cada verso.

■ Sirve cualquier rima, por ejemplo:

- «Pin pineja.»

- «Pinto, pinto gorgorito.»

- «La silla de la reina.»

■ Prueba con todas las que os gusten.

SEGÚN LOS ÚLTIMOS ESTUDIOS:

Desde el momento de nacer, todas y cada una de las experiencias establecen las conexiones neuronales que conducen el desarrollo

¿Dónde estoy?

- Escoge un animal de trapo de los que más gusten a tu hijo.

- Escóndelo, pero que el niño lo vea.

- Di lo siguiente:

  El conejo no está aquí.

  ¿Dónde se habrá escondido?

  Un, dos, tres, ¡vamos a descubrirlo!

- Vete al lugar donde hayas escondido el muñeco y sácalo. Di: «¡Aquí está el conejo (o el muñeco que sea)! ¡viva!».

- Seguid jugando a esconder otros juguetes y repite siempre la rima, cambiando el nombre del juguete, antes de encontrarlo.

- Di al niño que esconda un muñeco, repite la rima y haz que el niño lo encuentre.

- Este juego les encanta, a esta edad.

El escondite inglés

SEGÚN LOS ÚLTIMOS ESTUDIOS:

Las investigaciones confirman que la forma de interactuar con los niños durante los primeros años de vida y las experiencias que se ponen a su alcance producen un gran impacto en el desarrollo emocional y en la capacidad de aprender y de funcionar en la vida posteriormente.

■ Haz un juguete sorpresa a tu hijo: Practica un orificio en el fondo de un vaso de cartón y pasa una caña por el orificio.

■ Pega un redondel del cartón a un extremo de la caña y dibuja una cara en el redondel.

■ Enseña al niño a tirar de la caña para que la cara desaparezca y a empujarla para que aparezca.

■ Di las frases siguientes durante el juego.

Un, dos, tres,
al escondite inglés.
Ahora me ves,
ahora no me ves.

■ Al decir: «Ahora me ves», empuja la caña para que aparezca la cara. Al decir «ahora no me ves», tira de la caña para que desaparezca la cara.

DE 18 A 21 MESES

50

SEGÚN LOS ÚLTIMOS ESTUDIOS:

La atención cálida y receptiva refuerza los sistemas biológicos que favorecen el autocontrol de las emociones en los niños.

¡Que aproveche!

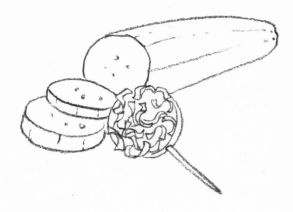

■ Preparando una merienda sencilla, los niños pueden aprender muchas cosas a esta edad.

■ Trabajar en la cocina con tu hijo puede ser una gran experiencia de aprendizaje, además de una fuente de diversión.

■ El niño puede conocer diferentes texturas y olores, hablar de diferentes formas y tamaños e identificar colores.

■ Aquí tienes una actividad sencilla que hacer con tu hijo en la cocina.

- Corta un plátano en trozos pequeños.

- Ensarta cada trozo en un palillo.

- Moja los trozos en zumo de naranja y coco.

- ¡Que aproveche!

Palmas, palmitas

SEGÚN LOS ÚLTIMOS ESTUDIOS:

El niño es capaz de procesar la música antes que el lenguaje. Las experiencias musicales tempranas aumentan y refuerzan el razonamiento espaciotemporal y el aprendizaje de conceptos matemáticos.

■ Canta estas frases con la música de «palmas, palmitas».

> *Palmas, palmitas,*
> *poco a poquito.* (Tocad las palmas despacio.)
> *Palmas, palmitas* (seguid dando palmadas),
> *¡somos enanitos!* (Saltad y gritad: «¡Bien, viva!».)

■ Aumenta la velocidad de la canción.

> *Palmas, palmitas,*
> *ahora más deprisa.* (Aplaudid más deprisa.)
> *Palmas, palmitas,*
> *¡que nos da la risa!*
>
> *Jackie Silberg*

■ Cantad la canción con diferentes acciones, pero siempre haciéndolas despacio primero y aumentando la velocidad después. Cuando el niño es capaz de hacer cosas deprisa y despacio, empieza a interiorizar conceptos.

SEGÚN LOS ÚLTIMOS ESTUDIOS:

Los escáneres cerebrales TEP (tomografía de emisión de positrones) muestran aumento de actividad en la corteza cerebral frontal, donde tiene lugar el desarrollo emocional, en la edad comprendida entre los seis meses y los dos años.

¡Arre, caballito!

■ Coge a tu hijo por la cintura, de espaldas a ti.

■ Di las siguientes frases y ejecuta las acciones:

Caballito: al paso, so, so. (Anda despacio, moviendo al niño arriba y abajo como si fuera a caballo.)

Caballito: al trote, te, te. (Aumenta la velocidad de tus pasos y de los movimientos del niño, pero sujétalo bien.)

Caballito: al galope, pe, pe. (Un poco más deprisa.)

Caballito: ¡por el aire, por el aire! (Álzalo en alto y dale un beso en el cuello.)

■ Estos juegos no sólo son muy divertidos sino que además desarrollan la seguridad y la confianza del niño en ti.

El juego de las miradas

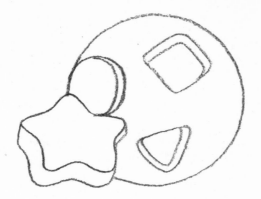

SEGÚN LOS ÚLTIMOS ESTUDIOS:

El potencial de los niños se determina en los primeros años de vida, desde el nacimiento hasta los tres años. Son los años en que se crea la promesa de futuro de cualquier niño.

■ Coloca algunos juguetes que tu hijo conozca en dos lados opuestos de la habitación.

■ Siéntate en el suelo con el niño.

■ Enséñale a levantar la barbilla el aire.

■ Enséñale a girar la cabeza a un lado y luego al otro.

■ Dile que mire uno de los juguetes cada vez que gire la cabeza hacia un lado.

■ Dile que mire a más lugares, como el techo, el suelo, etc.

54

Las investigaciones ponen de manifiesto lo que los educadores sostienen desde hace tiempo: que las experiencias sociales y emociones son las semillas de la inteligencia humana. Cada circuito neuronal del niño abre en el cerebro la autopista por donde el aprendizaje circulará sin dificultades en el futuro.

Jugar y aprender

- Reúne varios objetos que tu hijo conozca bien y que utilice con regularidad, como un cepillo de dientes, una cuchara y una taza.

- Ponlos en el suelo.

- Siéntante delante de los objetos.

- Coge uno de ellos, por ejemplo el cepillo de dientes, y haz como si te lavaras los dientes.

- Vete cogiendo los objetos y haciendo como si los utilizaras correctamente.

- Di al niño que coja él un objeto y te enseñe para qué sirve.

- Este juego es idóneo para desarrollar la capacidad de pensamiento del niño y ayudarlo a imaginar otros usos que podría darse a los objetos, como, por ejemplo, la taza sirve para beber, pero también para echar líquidos de un envase a otro.

¡Buenos días, Pedro!

SEGÚN LOS ÚLTIMOS ESTUDIOS:

Los niños que reciben un trato cariñoso y sensible tienen más posibilidades de desarrollar seguridad en sí mismos y vínculos de cariño con los demás.

■ Para fomentar la sensación de seguridad del niño, tómalo en brazos y di:

> *¡Buenos días, Pedro!*
>
> *¡Buenos días, Juan!*
>
> *¡Buenos días, (nombre del niño),*
>
> *cuánto te quiere mamá (papá, yo...)!*
>
> *¡Buenos días , Ana!*
>
> *¡Buenos días, Mar!*
>
> *¡Buenos días, (nombre del niño),*
>
> *cada día te quiero más!*

■ Estrecha al niño y dale un gran abrazo.

■ Repite otra vez las frases; levanta al niño en el aire y, al bajarlo, dale un beso muy grande.

■ Mécelo, da vueltas suavemente con él o muévete con él de cualquier forma juguetona y cariñosa.

■ ¡A tu hijo le encantará este juego!

56

SEGÚN LOS
ÚLTIMOS
ESTUDIOS:

La riqueza de vocabulario del niño de dos años guarda una estrecha relación con la frecuencia con que los adultos le hablan. A los veinte meses, los hijos de madres habladoras tenían un vocabulario de unas ciento treinta y una palabras más, por término medio, que los hijos de madres que hablaban menos; a los dos años, la diferencia se había doblado ampliamente hasta alcanzar las doscientas noventa y cinco palabras.

Disfraces

■ A los pequeños les encanta jugar a disfrazarse. Hablando entre vosotros de los diversos trajes o piezas de ropa, el niño va desarrollando su lenguaje y enriqueciendo su vocabulario.

■ Pon en un montón unas cuantas prendas y complementos de vestir, como pañuelos, zapatos, guantes o lo que más guste a tu hijo.

■ Ponte uno de los sombreros y di: «¿Cómo está usted, don...?» (nombre del niño).

■ Ponte unos guantes y di: «¡Ah, qué suave es este guante!».

■ Anima al niño a coger una prenda y enséñale las palabras que necesite si no las sabe.

■ No tardaréis en iniciar una auténtica conversación y las palabras saldrán solas.

Hablar con los animales

- Siéntate en el suelo con el niño. Coge un muñeco blando o una muñeca que le guste mucho.

- Mantén una conversación con el amigo de trapo, por ejemplo:

    Tú: *He cogido tu galleta y me la he comido.*

    Muñeco: *Gracias por decírmelo.*

    Tú: *¿Quieres que te dé otra galleta?*

    Muñeco: *Sí, gracias, me apetece una galleta.*
    (Finge que le das una galleta y que se la come.)

- Otro ejemplo:

    Tú: *¿Jugamos a los disfraces?*

    Muñeco: *Sí. Quiero ponerme la bufanda roja.*

    Tú: *Entonces, jugamos a que era invierno.*

    Muñeco: *Y nevaba mucho.*

- Piensa en otras situaciones para jugar con tu hijo en que aprenda algo sobre las cosas o situaciones importantes de su vida.

- Jugar a representar situaciones cotidianas con el niño le ayuda a comprender dichas situaciones.

SEGÚN LOS ÚLTIMOS ESTUDIOS:

Los científicos han demostrado que, en situaciones de tensión, los niños que se sienten seguros en su relación con la persona que los cuida se adaptan mejor y segregan menos cortisol, una hormona que afecta tanto al metabolismo como al sistema inmunitario y el cerebro.

58

El crecimiento del cerebro durante los primeros años de la vida no tiene parangón pues, según los científicos, pasa de un puñado de conexiones con las que nacemos a los trillones de ellas que llegan a desarrollarse a dicha edad.

Vuela, pajarito

■ Poneos de pie uno frente al otro y toma al niño de las manos.

■ En esta posición, dad vueltas como jugando al corro y di:

Pajarito, pajarito, vuela por la ventana. (Haz como si volaras.)

Pajarito, pajarito, vuela por la puerta. (Haz como si volaras.)

Pajarito, pajarito, vuela por la ventana.

Pajarito, pajarito, vete volando a la silla.

■ Al decir la última frase, haz como si volaras hasta llegar a la silla.

■ Vete volando otra vez hasta otro objeto.

■ Este juego trabaja el vocabulario de una forma agradable.

Juego de nombres

SEGÚN LOS ÚLTIMOS ESTUDIOS:

Cuanto mayor número de palabras oye un niño, más deprisa aprende la lengua. El sonido de las palabras crea el sistema de circuitos neuronales necesario para el desarrollo de las destrezas relacionadas con el habla.

■ Siéntate en el suelo con el niño.

■ Nombra un objeto de la habitación que el niño conozca cantándolo o diciéndolo simplemente: «Veo un osito de peluche» (por ejemplo).

■ Di al niño que toque al osito.

■ Sigue nombrando otros objetos de la habitación. Cada vez que digas uno nuevo, nómbralo primero, cantando o sin cantar, y luego di a tu hijo que lo toque.

■ Este juego es muy adecuado para enriquecer el vocabulario.

DE 21 A 24 MESES

60

SEGÚN LOS ÚLTIMOS ESTUDIOS:

El cerebro del niño crece gracias a la experiencia y al cariño, dos componentes esenciales en el desarrollo de los pequeños.

¡Arre, borriquito!

■ Siéntate en un asiento bajo y sienta al niño en tu piernas mirando hacia ti. Sujétalo por la cintura y mueve las rodillas arriba y abajo, a caballo.

■ Di la siguiente canción:

Arre, borriquito,

arre, burro, arre,

anda más deprisa,

que llegamos tarde.

¡Sooo, borriquito! (Acércate al niño y dale un gran abrazo.)

Arre, borriquito,

vuela por el aire (alza al niño en el aire),

vuela más deprisa,

que llegamos tarde.

¡Sooo, sooo, que (nombre del niño) *se cae!* (Sujétalo bien por debajo de los brazos y bájalo hasta el suelo.)

Jackie Silberg

■ A tu hijo le encantará este juego y querrá repetirlo una y otra vez. Es una forma muy divertida de reforzar los vínculos que os unen.

Música para dos

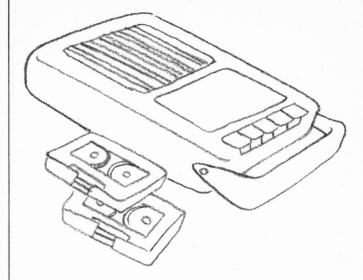

61

SEGÚN LOS
ÚLTIMOS
ESTUDIOS:

La música es un
componente vital
para el desarrollo
del habla y la
integración
sensorial.

■ Escuchar música con tu hijo beneficia el desarrollo cerebral del niño y os proporciona un buen rato a los dos.

■ Pon música de cualquier clase (la que más os guste escuchar a tu hijo y a ti) y responde a los movimientos del niño. Si él se balancea, balancéate tú también. Si él salta, salta tú también.

■ Dale la mano y haz movimientos variados siguiendo la música. Saltad, deslizaos, girad y caminad de puntillas.

■ Muévete libremente con la música y anima al niño a que te imite. Cuando tu hijo vea que te lo pasas bien con la música, él también se lo pasará bien.

62

Durante los tres primeros años de vida, las conexiones cerebrales se desarrollan rápidamente respondiendo a los estímulos del exterior. Cuando se toma a un bebé en brazos con cariño y se le canta rítmicamente, se contribuye al crecimiento de su cerebro.

Baño musical

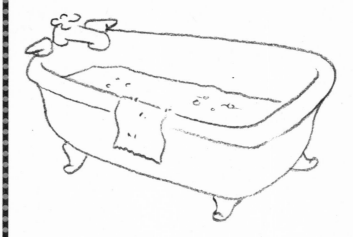

■ El tiempo que pasas bañando a tu hijo es un momento que crea y consolida vínculos entre vosotros.

■ Cantar canciones mientras le bañas es divertido y transmite lenguaje al niño, como por ejemplo, partes del cuerpo.

■ Mientras lo bañas, improvisa letras sobre las partes del cuerpo con una música sencilla que sepas, por ejemplo, la de «La silla de la reina».

Vamos a lavarte

con agua y jabón

los pies y las rodillas,

¡cosquillas te hago yo!

■ Canta la canción cuantas veces quieras nombrando las diferentes partes del cuerpo, como la cara, las manos, la barriguita, etc.

¿Flota o se hunde?

63

SEGÚN LOS ÚLTIMOS ESTUDIOS:

Resolver problemas contribuye a abrir nuevos caminos de aprendizaje; así se activan las sustancias químicas que producen sinapsis nuevas, conexiones cerebrales nuevas.

■ Reúne varios objetos que floten o se hundan.

■ Pueden ser, por ejemplo, esponjas, jabón, recipientes vacíos, recipientes llenos, juguetes que floten, pequeños y que no se estropeen con el agua.

■ Llena un cubo de agua y empieza a meter los objetos uno a uno.

■ Cada vez que pongas un objeto en el agua di «flota» o «se hunde», según el caso.

■ Después de haber probado todos los objetos, empieza otra vez.

■ Ahora, antes de meter cada objeto en el agua, pregunta al niño si cree que flotará o se hundirá.

■ Tu hijo no tardará en buscar otros objetos por su cuenta para comprobar si flotan o se hunden.

Diversión rítmica

■ Siéntate en el suelo con tu hijo y dale un palo o una cuchara de madera.

■ Intenta tocar un ritmo determinado, por ejemplo, da dos golpes y detente. Cuenta los golpes en voz alta al darlos: «Uno, dos...».

■ Si tu hijo no puede hacerlo aún, cógele la mano y acompáñale al dar los golpes en el suelo, siempre contando.

■ Canta una canción que os guste y marca el ritmo golpeando la cuchara contra el suelo. Anima al niño a que te imite.

■ En cuanto tu hijo aprenda a controlar el palo, dale las instrucciones precisas y comprueba si las sigue.

- Toca rápidamente.

- Toca lentamente.

- Toca con fuerza.

- Toca con suavidad.

A chocar con los pies

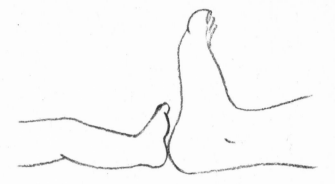

SEGÚN LOS ÚLTIMOS ESTUDIOS:

Los vínculos emocionales que se establezcan con los niños pequeños tienen consecuencias en los aprendizajes posteriores.

■ A los niños les encanta descalzarse; este juego se juega descalzos, en casa o fuera de casa.

■ Quitaos los zapatos los dos.

■ Túmbate en el suelo tocando los pies del niño con los tuyos.

■ Di lo siguiente: «A la una, a las dos, a las tres: ¡chocan los pies!».

■ Al decir «chocan los pies», levanta las piernas en el aire y dale un golpecito en las plantas de los pies con las tuyas.

■ Una variante divertida es ponerse un adhesivo en las plantas de los pies. Cambia «chocan los pies» por «chocan los perritos», «chocan los gatitos» o cualquiera que sea el motivo de los adhesivos.

■ ¡Qué forma tan divertida de desarrollar la coordinación del niño!

66

SEGÚN LOS ÚLTIMOS ESTUDIOS:

La repetición de ejercicios de motricidad refuerza los circuitos neuronales que van desde las zonas del pensamiento del cerebro hasta las del movimiento y, de allí, a los nervios que mueven los músculos.

Baila, baila, peonza

■ Enseña una peonza al niño y que la vea bailar.

■ Gira tú como una peonza y enseña al niño a imitarte.

■ Girad los dos como peonzas y di al mismo tiempo:

> *Baila, peonza baila,*
> *baila y sigue bailando.*
> *Baila que te bailarás,*
> *¡en el suelo acabarás!*

■ Cuando el niño haya entendido el juego, empezad girando despacio y, poco a poco, id aumentando la velocidad.

■ Seguid girando, pero disminuid la velocidad antes de llegar al suelo.

En la granja de Pepito

SEGÚN LOS ÚLTIMOS ESTUDIOS:

Si se hiciera un escáner neurológico a unos niños mientras cantan canciones infantiles o juegan a contar, se verían zonas enteras de su cerebro brillando de actividad.

■ La canción «En la granja de Pepito» tiene una música fácil de adaptar; además a los niños les gusta mucho.

■ Haz versiones de la canción, por ejemplo:

> En la granja de Pepito, I, A, I, A, O,
> todos tienen mucha tos, I, A, I, A, O (sonido de tos).

■ Buscad otros sonidos de la tos, como carraspeos, voz nasal, etc.

■ En la granja de Pepito también puede haber cualquier cosa, como un tambor, una muñeca, un quiosco de golosinas, etc. Los cambios de palabras y el sonido asociado enriquecen el vocabulario.

■ Para complicar un poco la cosa, antes de iniciar una estrofa, se pueden repetir por orden, de la primera a la última, todas las cosas que se han ido cambiando.

68

**SEGÚN LOS
ÚLTIMOS
ESTUDIOS:**

Los estudios del
cerebro indican
que los padres y
educadores
tienen una
oportunidad de
oro para
desarrollar el
cerebro del niño.
Eso significa dar
al niño un
entorno
aprovechable sin
producirle
tensiones
innecesarias.

Mírate

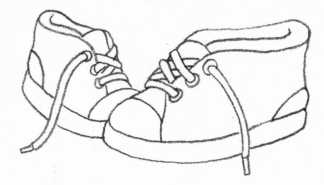

■ Este juego es muy adecuado para ayudar al niño a pensar en las distintas partes del cuerpo y para desarrollar su capacidad de observación.

■ Di a tu hijo: «Si llevas zapatos, salta».

■ Ayúdale a comprender preguntándole antes si lleva zapatos y dónde los lleva.

■ Señala sus zapatos y dile que dé unos saltos. Quizá tengas que recordarle lo que es saltar saltando tú un poco.

■ Aquí tienes otras ideas.

- Si llevas calcetines, dobla la cintura.

- Si llevas camisa, da dos palmadas.

- Si llevas pantalones, di que sí con la cabeza.

Susurros

SEGÚN LOS ÚLTIMOS ESTUDIOS:

Cada vez que el niño recibe un estímulo, se construyen nuevos puentes neuronales o se refuerzan los ya existentes. Cuantos más puentes se creen y más se refuercen, tanto más se desarrolla la inteligencia del niño.

■ A los niños de dos años les llaman mucho la atención los susurros y se sienten orgullosos cuando son capaces de susurrar.

■ Susurrar contribuye al aprendizaje de la modulación de la voz, un aspecto importante del desarrollo auditivo. Además, requiere mucha concentración.

■ Di algo a tu hijo en susurros. Por ejemplo: «Vamos a dar palmas».

■ Di al niño que te conteste en susurros, también.

■ Seguid hablando en susurros hasta que el niño aprenda a hablar en voz muy baja.

Mover los dedos

■ Jugad a este juego con una muñeca o muñeco de trapo que tenga manos y pies.

■ Siéntate en el suelo con tu hijo de dos años y enséñale a mover los brazos de la muñeca hacia arriba y hacia abajo.

■ Da el juguete al niño para que lo intente.

■ Pensad en todos los movimientos que podéis hacer con el juguete de trapo.

■ Aquí tienes algunas ideas.

- Mover la mano.

- Aplaudir.

- Levantar y bajar las piernas.

- Aplaudir con los pies.

- Tirar besos al aire.

■ Pregunta a tu hijo qué se le ocurre a él.

Aprender rimas

SEGÚN LOS ÚLTIMOS ESTUDIOS:

La memoria es el aprendizaje que queda. Cada vez que se aprende algo, se forman nuevas sinapsis y se refuerzan las antiguas.

■ Los niños de dos años son como esponjas que todo lo absorben. Tan pronto como oyen algo, empiezan a memorizarlo, sobre todo si hay acciones asociadas.

■ Una forma interesante de decir rimas es acentuando la última sílaba de cada verso y acompañarla de una acción. Así el niño las memoriza con mayor facilidad.

■ Aquí tienes, por ejemplo, la segunda estrofa de «Debajo de un botón». Acuérdate de acentuar la última sílaba.

Ay, qué chiquitín, tin, tin (ilustra «chiquitín» con un gesto del índice y el pulgar)

era aquel ratón, ton, ton (ponte una mano a cada lado de la cabeza a modo de orejas de ratón)

que tenía Martín, tin, tin (ponte la mano debajo de la barbilla)

debajo de un botón, ton, ton. (Da una palmada en cada «ton».)

SEGÚN LOS ÚLTIMOS ESTUDIOS:

La capacidad del niño para aprender y prosperar en una serie de entornos diferentes depende de la relación entre la naturaleza (la herencia genética) y la crianza (el tipo de cuidados, estimulación y enseñanzas que recibe).

Libre como el viento

■ Bailar libremente siguiendo la música y agitando un pañuelo vaporoso produce un gran placer. Además da sensación de equilibrio y control.

■ Pon algo de música instrumental y baila con tu hijo, cada uno con un pañolito.

■ Alza el pañuelo en el aire y luego hazlo bajar hasta el suelo.

■ Da vueltas estirando el brazo que sujeta el pañuelo.

■ También podéis bailar juntos sujetando cada uno un extremo del mismo pañuelo.

■ Hagas lo que hagas, el niño te imitará.

■ Este juego es muy creativo y tu hijo querrá jugarlo una y otra vez.

Canción de la fruta

SEGÚN LOS ÚLTIMOS ESTUDIOS:

Los descubrimientos científicos dicen que la clase de cuidados que reciben los niños pequeños afecta al desarrollo del cerebro mucho más de lo que se sospechaba anteriormente: una mezcla compleja de herencia y experiencia es lo que conforma el desarrollo del cerebro.

■ Pon tres clases de fruta en la mesa y di cómo se llama cada una.

■ Deja que el niño las toque a medida que le dices los nombres.

■ Di las frases siguientes o cántalas adaptando la música de «El corro chirimbolo», por ejemplo:

> (Nombre del niño) *tiene una manzana,*
>
> *manzana, manzanera.*
>
> (Nombre del niño) *tiene una manzana,*
>
> *¡ay qué rica es!*
>
> (Nombre del niño) *tiene una uva...*
>
> (Nombre del niño) *tiene una fresa...*

■ Y, para terminar:

> (Nombre del niño) *tiene macedonia*
>
> *mace, mace, macedonia.*
>
> (Nombre del niño) *tiene macedonia*
>
> *y se la come toda. ¡Ñam, ñam!*

74

SEGÚN LOS
ÚLTIMOS
ESTUDIOS:

La plasticidad del cerebro, su habilidad para renovarse por sí solo, es lo que facilita tanto a los niños el aprendizaje del lenguaje. Cuantas más palabras oyen los niños pequeños, más conexiones se establecen en el cerebro.

El cuento de la fruta

■ Este juego es apropiado para después de haber jugado al de «Canción de la fruta».

■ Escoge dos o tres piezas de fruta para observarlas con tu hijo.

■ Abridlas de una en una y comentad lo que tienen por dentro. ¿Tienen pepitas, un hueso, gajos, etc?

■ Cuéntale un cuento sobre la fruta con tus propias palabras. A continuación tienes un ejemplo.

> *Érase una vez una manzana que fue a jugar con Billy.*
>
> *–¡Hola, Billy! Me alegro de verte porque estoy un poco sola. ¿Invitamos a otra fruta a jugar con nosotros?*
>
> *–De acuerdo –dijo Billy–, voy a llamar a la naranja.*
>
> *Billy llamó a la naranja por teléfono y dijo:*
>
> *–¡Hola, naranja! ¿Quieres venir a jugar con nosotros?*

■ Deja que tu hijo diga a quién podéis llamar a continuación. Cada vez que llaméis a una fruta, observadla atentamente y hablad de ella y, naturalmente, probadla.

El bocadillo mariposa

«El cerebro es una máquina de asociación —dice el doctor Larry Katz, un neurobiólogo de la universidad de Duke—. El cerebro siempre trata de relacionar las cosas, ya sea por la vista o por el olfato, ya sea por el oído o el espacio. Después recurre a dichas asociaciones para dar sentido al mundo.»

- Deja que tu hijo te ayude a preparar un bocadillo.

- Coge una rebanada de pan de molde y córtala en diagonal.

- Úntala con lo que más guste a tu hijo, mantequilla, aceite, queso o lo que sea, y adórnala con trozos de fruta de colores distintos, como plátano, uvas cortadas, uvas pasas, etc. Procura que abunde el color.

- Coloca las dos mitades tocándose por la esquina entera y ya tienes la mariposa.

- Ponle dos tiras de apio, zanahoria u otro vegetal a modo de antenas.

- Cuando tu hijo se haya comido la mariposa, anímale a hacer de mariposa y que revolotee por la habitación.

**SEGÚN LOS
ÚLTIMOS
ESTUDIOS:**

Las
investigaciones
científicas han
descubierto que
las relaciones
que los padres
establecen con
los hijos afectan
al cerebro en
muchos aspectos.
Cuando se les
cuida de forma
cariñosa y
receptiva, se
refuerzan los
sistemas
biológicos que
toman parte en el
autocontrol de
las emociones.

El conejo
ya está aquí

■ Jugad a este juego con el animal de trapo o peluche que más guste a tu hijo y cambia el nombre de «conejo» por el del animal de que se trate. Canta la canción con la música de «El conejo no está aquí».

■ Este juego desarrolla la orientación espacial.

■ Canta la canción y haz lo que indica la letra.

El conejo ya está aquí,

ha venido dando saltos (haz dar saltos al conejo)

por el aire y por el suelo. (Haz que dé saltos muy altos y luego, muy bajos.)

¡Ay, ya se va (déjalo quieto un momento),

haciendo reverencias! (El conejo hace reverencias.)

¿Por dónde se irá? (Muévelo hacia un lado.)

¿Por dónde volverá? (Escóndelo detrás de ti por el otro lado.)

El corro de la patata

SEGÚN LOS ÚLTIMOS ESTUDIOS:

Todos los niños aprenden. Lo que aprenden depende de todo aquello con lo que hayan entrado en contacto. Puesto que la mayor parte del crecimiento cerebral tiene lugar después del nacimiento, las oportunidades de contribuir al desarrollo sano de su cerebro son muchas y diarias.

■ Juega al conocido «Corro de la patata» con tu hijo de dos años. Daos las manos y andad en círculo cantando la canción.

> *Al corro de la patata,*
>
> *comeremos ensalada,*
>
> *lo que comen los señores,*
>
> *naranjitas y limones.*
>
> *¡Achupé, achupé!*
>
> *¡Sentadito me quedé!*

■ Caed sentados al suelo con suavidad.

■ Cambia la acción del último verso, por ejemplo: «de rodillas me quedé», «saltando me quedé», «a la pata coja me quedé», «ladrando me quedé», etc.

**SEGÚN LOS
ÚLTIMOS
ESTUDIOS:**

Al expresar
diferentes
emociones,
estimulamos el
cerebro. Las
emociones
producen una
liberación de
componentes
químicos que
ayudan al
cerebro a
recordar
sentimientos
diferentes y los
acontecimientos
relacionados
con dichos
sentimientos.

Expresiones de la cara

■ Siéntate con tu hijo a buscar fotos o dibujos de caras en revistas y libros.

■ Pregunta a tu hijo qué le parece que expresa cada cara.

■ Busca un dibujo o fotografía de un niño contento. Describe cómo se refleja la emoción en la imagen y luego pide al niño que «ponga cara de contento».

■ Buscad unas cuantas caras contentas más.

■ Otro día, buscad otras expresiones. Las caras de enfadado, triste o tonto suelen ser buenos ejemplos.

■ Buscad expresiones que reflejen el estado de ánimo de tu hijo de ese mismo día.

■ Este juego ayuda al niño a identificar sus propias emociones.

Espejito, espejito

Los niños retienen en la memoria con mucha mayor facilidad los acontecimientos que poseen un componente emocional.

■ Siéntate en el suelo con tu hijo.

■ Mirándote en un espejo de mano, di lo siguiente:

Espejito, espejito, dime lo que ves.
Veo una cara alegre y sé de quién es.

■ Sonríe y pon cara alegre. Habla en tono alegre, también.

■ Pasa el espejo a tu hijo y repite las palabras de antes. Di al niño que ponga cara alegre.

■ Seguid poniendo caras diferentes ante el espejo. Primero hazlo tú y después, di al niño que te imite.

■ También podéis poner cara triste, de cascarrabias, de dormilón, de enfadado, de tonto, de sorpresa, etc.

SEGÚN LOS ÚLTIMOS ESTUDIOS:

El cerebro de un niño de tres años desarrolla más actividad que el de un estudiante universitario.

Construcciones

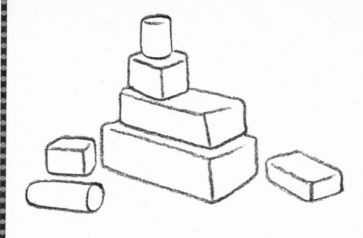

■ Siéntate en el suelo con tu hijo y con un juego de construcción.

■ Construye una estructura sencilla de tres o cuatro piezas.

■ Si el niño no empieza a construir algo por su cuenta, anímale a que te imite.

■ Si al niño le apetece levantar estructuras más complicadas, déjale que lo haga.

■ Poblad después la construcción con animales o gente de juguete.

Da cuerda y... ¡ahí va!

SEGÚN LOS ÚLTIMOS ESTUDIOS:

Al nacer, el cerebro ya ha empezado a unir billones de células entre sí, hasta quince mil conexiones (o sinapsis) por célula. Estas sinapsis conforman los «mapas» físicos del cerebro que permiten el aprendizaje.

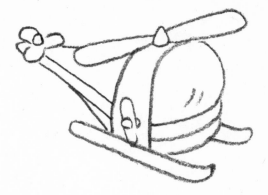

■ Este juego estimula el afán de cooperación y el habla de los niños.

■ Siéntate en el suelo con tu hijo. Estira las piernas hacia delante y di a tu hijo que haga lo mismo.

■ Delimitad una zona cerrada para jugar con el juguete uniendo los pies entre vosotros.

■ Da cuerda a un juguete y colócalo en el suelo de modo que se dirija hacia el niño. Mientras el juguete avanza, habla del movimiento que efectúa diciendo, por ejemplo: «¡Ahí va!», «Atento al cochecito» o «¡Vaya, se ha caído!».

■ Si el niño es capaz de dar cuerda al juguete él solo, dile que lo haga y que te lo mande.

■ Si necesita ayuda, dale cuerda tú pero que te lo mande él.

Nota: Algunos juguetes de cuerda tienen componentes pequeños, de modo que no dejes de vigilar mientras jugáis y recoge el juguete en cuanto acabéis el juego.

82

Las relaciones que se establecen entre los niños pequeños y sus padres o las personas que los cuidan se «renuevan» biológicamente para forjar un fuerte vínculo emocional.

Los pollitos

■ Di la siguiente poesía ejecutando las acciones para reforzar el sentimiento de seguridad de tu hijo.

> *Los pollitos dicen:*
> *pío, pío, pío,*
> *cuando tienen hambre* (tócate el estómago),
> *cuando tienen frío.* (Tápate un brazo con otro.)
> *La mamá les busca*
> *el maíz y el trigo,*
> *les da la comida* (haz como si le dieras algo de comer)
> *y les presta abrigo.* (Arrópalo entre tus brazos.)
> *Bajo sus dos alas* (así abrazado, hazle caricias en la cabeza)
> *se están quietecitos,*
> *y hasta el otro día*
> *duermen los pollitos.* (Mécelo y haz como si os durmierais.)

Un rato tú, un rato yo

Los juegos de «Palmas, palmitas» y «¡Cucú! ¿Tas?», por sencillos que parezcan, son momentos en los que el adulto comunica un complicado conjunto de reglas sobre el establecimiento de turnos y lo que se espera del otro. Son un dar y tomar que constituye el centro de todos los sistemas morales.

■ A los adultos suele preocuparles que sus hijos pequeños no quieran compartir. La idea de compartir es difícil de asimilar para los niños de dos años.

■ Una forma más fácil de entender el concepto de compartir es plantearlo como «un rato tú y un rato yo».

■ Da al niño un juguete que le guste mucho y di algo sobre él: el color tan bonito que tiene, lo agradable que es tocarlo, etc.

■ Coge otro juguete para ti y descríbelo también.

■ Juega con el juguete y di al niño que juegue con el suyo.

■ Después de jugar el rato que juzgues apropiado, da tu juguete a tu hijo y pídele que te deje jugar con el suyo.

■ Si no funciona, inténtalo otra vez en otro momento.

El cerebro
humano está
dotado de forma
extraordinaria
para aprovechar
las experiencias
relacionadas con
el cariño y la
ternura y las
buenas
enseñanzas,
sobre todo
durante los
primeros años de
vida.

Si bien huele, mejor sabrá

■ Selecciona tres objetos que tengan un olor característico. Lo más fácil, al principio, son los alimentos y las flores. Por ejemplo, una naranja, un pepinillo en vinagre y unas lilas tienen olores muy particulares.

■ Di al niño que vais a jugar a que erais osos que iban de paseo.

■ Di «Osito, osito, huelo algo bueno».

■ Haz como si cogieras una naranja del árbol. Pélala un poco y dásela a oler a tu hijo.

■ Seguid con las otras dos cosas que hayas preparado.

■ Di: «Osito, osito, vamos a sentarnos en la hierba a oler estas cosas otra vez».

■ Para terminar, di al niño: «Osito, osito, ¿cuál de estas cosas que huelen tan bien te apetece probar?».

¡Ésa la sé!

DE 27 A 30 MESES

85

SEGÚN LOS ÚLTIMOS ESTUDIOS:

Las palabras tienen que venir de los padres o la persona que cuide al niño, cargadas de cariño y significado, y no de la televisión ni la radio.

■ Los niños de dos años ya han aprendido muchas canciones infantiles.

■ Busca dibujos o fotografías en revistas y catálogos que representen objetos de las canciones que el niño sepa.

■ Aquí tienes algunos ejemplos:

- Una campana, como en «Campanita del lugar».
- Un reloj de cuco, como en «El reloj de mi abuelo».
- Una pelota, como en «Tengo una pelota».
- Una escoba, como en «Cinco lobitos».
- Un barco, como en «Había una vez un barquito chiquitito».
- Una mariquita, como en «Cuéntame los dedos».

■ Enseña la imagen a tu hijo y decid juntos la letra de la canción.

■ Pega las imágenes por separado en cartones y colócalas en una caja.

■ Enseña al niño a coger un cartón y repetid juntos la letra de la canción.

DE 27 A 30 MESES

86

SEGÚN LOS ÚLTIMOS ESTUDIOS:

Contar cuentos a los niños hace que las células del cerebro se «enciendan», se establezcan conexiones nuevas y se refuercen las existentes.

Cuentos

■ Inventa un cuento en el que el protagonista se llame como tu hijo. «Érase una vez un niño que se llamaba Carlos.»

■ Utiliza en el cuento dos o tres palabras que se repitan muchas veces. Anima al niño a que las repita contigo.

■ Por ejemplo, el cuento podría ser sobre Carlos, que va al parque. Cada vez que Carlos ve en el parque algo que sepa lo que es, dice: «¡Bien, viva, qué divertido!».

■ Aquí tienes una idea.

Érase una vez un niño que se llamaba Carlos. A Carlos le gustaba mucho ir al parque a ver todas las cosas bonitas que había. Cuando vio unas flores muy bonitas dijo: «¡Bien, viva, qué divertido!». Entonces se sentó en la hierba, que era verde y mullida, y vio un bichito por el suelo y dijo: «¡Bien, viva, qué divertido!».

■ Haz el cuento más largo o más corto, según el tiempo que el niño sea capaz de permanecer atento.

Revista divertida

SEGÚN LOS ÚLTIMOS ESTUDIOS:

La experiencia influye en la adquisición de vocabulario desde muy pronto. La riqueza de vocabulario de los niños guarda una estrecha relación con la frecuencia con que los padres o cuidadores les hablen.

■ Busca una revista que tenga muchos dibujos o fotografías de cosas que tu hijo conozca.

■ Pega los recortes de la revista en tarjetas de archivador y conviértelas en un mazo de cartas.

■ Saca una carta del mazo.

■ Si te sale un gato, por ejemplo, el niño tiene que imitar a un gato.

■ Este juego es muy apropiado para desarrollar la imaginación, el lenguaje y las actitudes sociales.

88

La interacción cariñosa diaria, como abrazarse y cantar juntos, prepara a los niños para aprender a lo largo de toda la vida.

La silla de la reina

■ Coge a tu hijo por la cintura y cántale una canción infantil, por ejemplo, «La silla de la reina».

> *La silla de la reina* (sujeta al niño por la cintura y hazle dar botes),
>
> *que nunca se peina* (sigue haciéndolo botar),
>
> *un día se peinó* (álzalo por encima de tu cara)
>
> *¡y la silla se rompió!* (Bájalo de repente pero con cuidado y luego bésalo y abrázalo.)

¿Qué palabra falta?

La mejor forma de desarrollar el lenguaje en un niño es hablar con él.

- A los dos años, los niños adquieren el lenguaje a gran velocidad.

- Inventa un cuento con el nombre de tu hijo. Cada vez que vayas a decir el nombre, haz que lo diga él.

- Por ejemplo: «Érase una vez un niño que se llamaba _____ (di el nombre de tu hijo), y este niño que se llamaba _____ (ahora, debe decirlo él) fue a la cocina a buscar la merienda».

- Sigue inventando situaciones que le animen a rellenar los huecos. «_____ (el nombre del niño) abrió el armario y cogió un poco de _____».

- Según la resistencia de tu hijo, haz el cuento más sencillo o más complicado, más largo o más corto.

- Este juego es excelente para desarrollar tanto el lenguaje como la imaginación.

90

Todo se aprende jugando, desde la motricidad general a la fina pasando por las habilidades del pensamiento. Cuando un niño por fin entiende lo que se le está enseñando, se le ilumina la cara. De eso se trata el juego en los niños: de probar cosas distintas y averiguar lo que funciona y lo que no.

Paso, paso, salto, salto

■ Este juego desarrolla la coordinación de los grandes músculos. Da la mano a tu hijo y caminad diciendo:

Paso, paso, paso, paso.
Paso, paso, ¡alto!

■ Deteneos al decir «¡alto!».

■ Cambiad el movimiento, de andar a saltar.

Salto, salto, salto, salto.
Salto, salto, ¡alto!

■ Deteneos otra vez al decir «¡alto!».

■ Seguid cambiando la acción, pero paraos siempre al decir «¡alto!».

■ Descubrirás que el niño aprende el momento exacto en que tiene que pararse.

En busca de piedras

SEGÚN LOS ÚLTIMOS ESTUDIOS:

Las nuevas interpretaciones sobre el desarrollo del cerebro corroboran lo que muchos padres y cuidadores de niños saben desde hace años: que las relaciones cariñosas entre los adultos y los niños pequeños y la estimulación positiva y apropiada influyen muchísimo en el desarrollo de los niños.

■ Escoge un día agradable para ir a buscar piedras con tu hijo de dos años.

■ Hablad de lo que vais a hacer y llevaos un recipiente para las piedras.

■ Di al niño que busque piedras de una clase determinada, por ejemplo: «Vamos a buscar una piedra pequeña» o «Vamos a buscar una piedra lisa».

■ Podéis buscar piedras grandes, pequeñas, rugosas, lisas, con picos, blancas, marrones, etc.

■ Cuando terminéis, llevad las piedras a casa y lavadlas.

■ Miradlas detenidamente y pensad de dónde habrán venido.

■ Deja que el niño las ordene como quiera.

Nota: Si tu hijo todavía se lleva objetos a la boca, procura recoger piedras con las que no pueda atragantarse.

SEGÚN LOS ÚLTIMOS ESTUDIOS:

El cerebro es capaz de asimilar tantas actividades y con tanta facilidad en esta etapa de la vida como en ninguna otra.

¿Tú también sabes hacerlo?

■ Finge que utilizas un objeto imaginario y cuenta a tu hijo lo que estás haciendo. Por ejemplo, finge que bebes leche.

■ Di: «Estoy bebiendo leche».

■ Di al niño: «¿Tú también sabes hacerlo?».

■ Haz otras actividades sencillas que tu hijo reconozca, como las siguientes.

• Lanzar una pelota.

• Cepillarte los dientes.

• Lavarte la cara.

• Peinarte.

■ Pregúntale siempre: «¿Tú también sabes hacerlo?», después de fingir la acción.

■ Este juego desarrolla el pensamiento y la capacidad de comunicación del niño, así como su imaginación.

El autobús

93

SEGÚN LOS ÚLTIMOS ESTUDIOS:

La música saca el mayor partido posible del desarrollo del cerebro, estimula la comprensión y facilita el establecimiento de vínculos entre el adulto y el niño.

■ Los estribillos repetitivos y fáciles gustan mucho a los niños.

■ Recita estas frases o adapta la melodía de alguna canción.

> *Las ruedas del autobús giran y giran* (gira un puño alrededor del otro),
>
> *giran y giran, giran y giran.* (Sigue girando los puños.)
>
> *Las ruedas del autobús giran y giran por la ciudad.*

■ Improvisa otras frases.

> *Las puertas del autobús se abren y se cierran...* (Ilustra el movimiento con los brazos.)
>
> *La bocina del autobús pita y pita...* (Haz como si tocaras el claxon y di «mec, mec».)
>
> *Los niños del autobús suben y bajan...* (Imita el movimiento con el cuerpo.)

■ Y una frase que siempre les gusta:

> *El bebé del autobús llora y llora...* (Haz como que lloras.)

■ Introduce otras voces y ruidos de animales y objetos:

> *Las ovejas en el autobús balan y balan...*
>
> *Las vacas en el autobús mugen y mugen...*
>
> *Los dinosaurios en el autobús gruñen y gruñen...*

SEGÚN LOS
ÚLTIMOS
ESTUDIOS:

El número de
conexiones
cerebrales
aumenta cuando
el niño se
desenvuelve en
un entorno con
gran cantidad de
estímulos
adecuados.

El juego de los ratones

- ■ Haz este juego con los cinco dedos de la mano y muévelos según indica la letra. Empieza y termina cada ronda con las manos en la espalda.

  > *Cinco ratoncitos* (saca las manos de detrás de la espalda)
  >
  > *salieron a comer.* (Llévate los dedos a la boca como si comieras.)
  >
  > *Llegó un gato malo* (pon los dedos como uñas de gato)
  >
  > *¡y echaron a correr!* (Esconde las manos otra vez.)

- ■ Repítelo restando un ratón (y un dedo) cada vez.

- ■ Cuando llegues a un ratoncito y digas «llegó un gato malo», párate un momento y di muy deprisa: «¡y el ratón echó a correr! ¡Qué listo, el ratoncito!».

- ■ Repite el juego y anima al niño a que haga los mismos movimientos que tú.

- ■ Los juegos con las manos son divertidos y desarrollan el lenguaje y la motricidad fina.

Pum tata

95

Las experiencias musicales integran varias habilidades a la vez, por lo tanto, desarrollan múltiples conexiones cerebrales.

- Toma la muñeca o animal blando que más guste a tu hijo.

- Dile que toque al muñeco en diferentes partes del cuerpo. Por ejemplo, dile «Enséñame la cabeza del muñeco» o «Enséñame los pies del muñeco».

- Recita rítmicamente o canta la frase siguiente dando golpecitos con un dedo al muñeco en la cabeza. Invéntate una melodía.

    Con este dedo hacemos así:
    pum tata, pum tata, pum, pum, pum.

- Repite las palabras ayudando al niño a marcar el ritmo con un dedo sobre la cabeza del muñeco.

- Repítelo otra vez con otra parte del cuerpo, como la nariz, la rodilla, el brazo, etc.

- La repetición de la palabra «pum» es un buen ejercicio de ritmo.

SEGÚN LOS
ÚLTIMOS
ESTUDIOS:

Los niños
aprenden la
lengua oyendo
las palabras una
y otra vez. El
aprendizaje de la
lengua es
fundamental
porque se trata
de un sistema de
comunicación
primordial.

¡Eco, eeecooo!

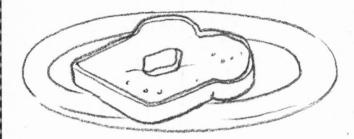

■ Juega con tu hijo a repetir tres veces la última palabra de una frase.

- ¿Quieres un poco de pan, pan, pan?

- ¿Te peino el pelo, pelo, pelo?

- ¡Vamos a jugar con los juguetes, juguetes, juguetes!

■ Cuando digas la palabra que vas a repetir, pronúnciala con mayor énfasis la primera vez.

■ Anima a tu hijo a que se invente frases y repita la última palabra cada vez.

¿Cómo es
lo que ves?

**SEGÚN LOS
ÚLTIMOS
ESTUDIOS:**

En los períodos
más críticos de
aprendizaje,
que son como
grandes ventanas
que se abren
a un millón de
posibilidades,
se establecen
las rutas que
conforman la
base de las
habilidades
futuras.

■ Este juego es muy creativo y muy apropiado para
jugar cuando vais de paseo o en coche.

■ Por ejemplo, si vais paseando por el parque, pregunta a tu hijo
qué ve. Cuando te responda, estimúlale el pensamiento con
algunas preguntas al respecto.

■ Si el niño dice que ve un árbol, podrías preguntarle algo así:

• ¿Es muy grande o muy pequeño?

• ¿De qué color es?

• ¿Cómo son las hojas?

• ¿Hasta dónde llega por arriba? ¿Y por abajo?

DE 27 A 30 MESES

98

SEGÚN LOS ÚLTIMOS ESTUDIOS:

En los primeros años, en el cerebro de los niños se producen el doble de sinapsis de las que va a necesitar. Si el niño las utiliza, las sinapsis se refuerzan y entran a formar parte del sistema permanente del cerebro. Si no las usa asiduamente o el suficiente número de veces, se eliminan.

Grandes cajas de embalaje

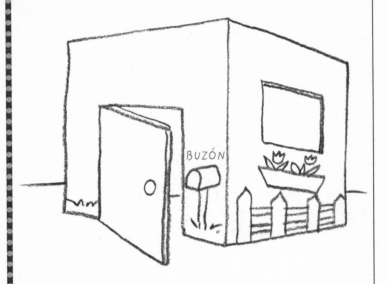

- Las cajas grandes de embalaje son juguetes estupendos.

- Estas cajas pueden convertirse en coches, casas o cualquier cosa que os imaginéis.

- Los baldes grandes de la ropa o cualquier recipiente de gran tamaño también son juguetes maravillosos.

- Una caja cualquiera puede ser un cofre del tesoro idóneo.

- Da una caja a tu hijo y observa cómo brotan su creatividad y su imaginación.

110   JUEGOS PARA HACER PENSAR A LOS NIÑOS DE 1 A 3 AÑOS

Observación de los juguetes

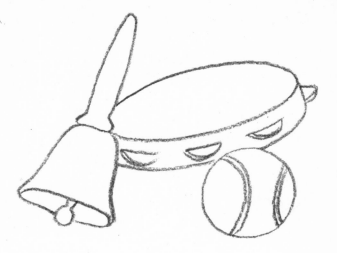

SEGÚN LOS ÚLTIMOS ESTUDIOS:

El cambio más rápido del cerebro tiene lugar durante los tres primeros años de vida, cuando el niño vive el bombardeo de cientos de experiencias nuevas. En esa etapa es cuando más flexible es el cerebro y mejor preparado está para aprender, establecer conexiones nuevas y rechazar las que no sirven.

■ Echa un vistazo a los juguetes favoritos de tu hijo. Busca cosas en común entre ellos, como ruedas, colores o sonidos que produzcan.

■ Escoge dos juguetes similares (dos que hagan ruido, por ejemplo) y uno que sea diferente (que no haga ruido). Llama la atención del niño sobre los dos juguetes similares: «Mira, Ana, este juguete hace ruido. ¿Ese otro también hace ruido?».

■ Seguid jugando y pregúntale si otros juguetes hacen ruido también.

SEGÚN LOS ÚLTIMOS ESTUDIOS:

Un vínculo fuerte con un adulto cariñoso puede ayudar al niño a soportar la tensión normal de la vida diaria.

Observación de un charco

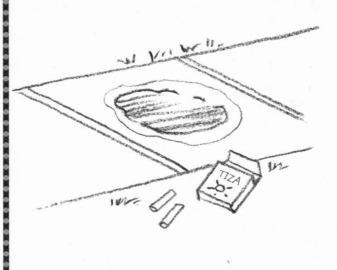

■ Jugad a este juego después de que haya llovido.

■ Salid a buscar un charco.

■ Si lo encontráis en la acera, dibujad su contorno con tiza.

■ Si lo encontráis en una zona sin asfaltar, dibujad su contorno con un palo.

■ A lo largo del día, id observando sus cambios a medida que se seca.

■ Esta actividad suscita comentarios interesantes sobre lo que ocurre con el agua.

■ Esta clase de actividades desarrolla la facultad de pensar.

Pan con mantequilla

La motricidad general y la motricidad fina se desarrollan por separado.

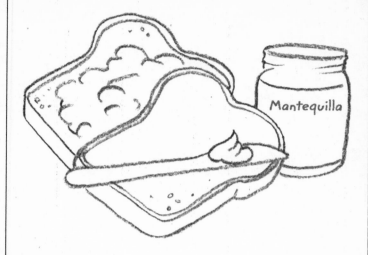

- A muchos niños les gustan las rebanadas de pan con mantequilla o con mermelada.

- Para que untar resulte más fácil, usa una espátula de untar en vez de un cuchillo.

- Corta dos rebanadas de pan.

- Deja que tu hijo haga cuanto pueda: abrir los recipientes, introducir la espátula en los recipientes, untar la rebanada, etc.

- Untad una rebanada de mantequilla y otra de mermelada.

- Esta actividad desarrolla la seguridad del niño en sí mismo y la motricidad fina.

Nota: Ten cuidado con las alergias que el niño pueda tener, como siempre en las actividades relacionadas con la alimentación.

102

Durante los tres primeros años, un niño totalmente dependiente construye un cerebro nuevo increíblemente complejo que le permite andar, hablar, analizar, preocuparse, amar, jugar, explorar y desarrollar una personalidad emocional única.

Juego de secuenciación

■ La secuenciación es una destreza prelectora muy importante.

■ La secuenciación es realizar una serie de acciones en un orden determinado. También significa ser capaz de repetir una secuencia y aumentarla.

■ Ayudar a tu hijo a pensar de forma ordenada le resultará muy beneficioso en el futuro.

■ Las tareas relacionadas con la propia higiene, como lavarse las manos, vestirse o lavarse los dientes, son adecuadas para empezar a pensar en la secuenciación.

■ Canta lo siguiente:

Primero hay que lavarse las manos.

Primero hay que lavarse las manos.

¿Y después?

■ Pregunta a tu hijo qué hará a continuación. Si dice «Lavarme los dientes», canta la frase.

■ Id añadiendo nuevas acciones.

Cuando yo era...

SEGÚN LOS ÚLTIMOS ESTUDIOS:

Una de las condiciones necesarias para el desarrollo óptimo del cerebro del niño es un entorno lingüístico receptivo y rico en el que el contacto con un vocabulario amplio sea constante.

- Desarrolla las habilidades del lenguaje y la imaginación de tu hijo con breves cantinelas sobre acciones imaginarias de los diversos objetos de la habitación.

- Recita o canta las siguientes frases adaptando la música de «Palmas, palmitas», por ejemplo.

Cuando yo era un silla,

silla, silla, sí.

Cuando yo era una silla,

me sentaba así.

Cuando yo era un tren,

tren, tren, sí.

Cuando yo era un tren

silbaba así.

Cuando yo era un balón,

balón, balón, sí.

Cuando yo era un balón,

chutaba así.

Los científicos están empezando a darse cuenta de que el factor más determinante del sistema de conexiones del cerebro humano son las experiencias desde el momento del nacimiento, y no las condiciones innatas.

Juan Rataplán

Juan Rataplán ha venido

■ Canta las siguientes frases con la música de «Don Simplón» u otra que se te ocurra. Usa el nombre de tu hijo y búscale una rima, como: Ana Tarambana, Pedro Reportero, Rosa Mariposa, etc.

Juan Rataplán ha venido por fin
andando despacito y sin correr.
Mira cuántas cosas sabe hacer
siempre moviendo los dos pies.

■ Da al niño instrucciones de acciones que pueda realizar.

Salta, salta, salta,
salta sin parar.
Salta, salta, salta,
Juanito Rataplán. (Salta con el niño.)

■ Haz lo mismo cambiando la acción: de puntillas, a la pata coja, resbalando, desfilando, etc.

■ Este juego desarrolla la capacidad de escuchar y la coordinación del niño.

Érase una vez

SEGÚN LOS ÚLTIMOS ESTUDIOS:

Aunque los niños aprenden la gramática con más facilidad oyendo frases cortas, si sus padres utilizan muchas subordinadas («porque», «que», etc.) las integran en su habla antes que los niños que las oyen poco o nada.

■ Cuéntale un cuento conocido con frases repetidas.

■ Los diálogos de «Los tres cerditos» son buen ejemplo de frases repetidas.

> Lobo: *Cerdito, cerdito, déjame entrar.*
>
> Cerdito: *No, no, por los pelos de mi barba barbilla.*
>
> Lobo: *Entonces, soplaré y soplaré y tu casa tiraré.*

■ Tu hijo no tardará en decir las palabras al mismo tiempo que tú.

■ Aquí tienes algunos títulos de cuentos y canciones con frases repetidas.

- «La ratita presumida.»

- «Los tres chivos chivones.»

- «Las siete cabritillas y el lobo.»

- «El hombrecillo de mazapán.»

- «Ricitos de oro y los tres osos.»

- «El gallo Quirico.»

106

La causalidad es un componente clave de la lógica: si sonrío, mamá me devuelve la sonrisa. La constatación de que una cosa conduce a otra forma sinapsis que en el futuro servirán para formar conceptos de causalidad más complejos.

Poesías

- A los niños de dos años les encantan las rimas, el ritmo y la emoción que conllevan las palabras, sobre todo las poesías.

- Aquí tienes algunos ejemplos apropiados para niños de esta edad.

  - «Luna lunera.»

  - «Romance de don Gato.»

  - «El caballo de cartón.»

  - «El mundo al revés.»

  - «La niña que se va al mar.»

  - «Nanas de la cebolla» (estrofas sueltas).

- Recita la poesía con tu hijo. Intenta representar lo que dice la poesía poniendo un poco de teatralidad.

- Cuanto más enfática y divertida sea la interpretación, más gracia le hará al niño. Tu hijo nunca olvidará estos juegos.

La tienda de música

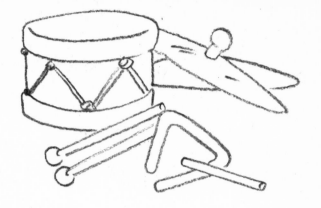

SEGÚN LOS ÚLTIMOS ESTUDIOS:

Escuchar música y el sonido de los instrumentos desarrolla el potencial innato del niño para aprender música cuando tenga la edad apropiada.

■ Lleva a tu hijo a una tienda de instrumentos musicales.

■ Si el dependiente es amable, es posible que deje tocar un poco el piano a tu hijo.

■ Enseña al niño dos o tres instrumentos. Quizá un empleado de la tienda le enseñe cómo suenan.

■ Después de la visita a la tienda, hablad de lo que habéis visto y oído.

■ Pon música de alguno de los instrumentos que hayáis visto en la tienda. Dile claramente qué sonido es el que corresponde a cada instrumento mientras escucháis juntos.

**SEGÚN LOS
ÚLTIMOS
ESTUDIOS:**

La plasticidad
neuronal, la
facilidad de
adaptación según
las experiencias,
apoya la idea
de que la
estimulación
temprana sienta
las bases de la
forma en que el
niño va a seguir
aprendiendo e
interactuando
con los demás a
lo largo de su
vida.

Cena de ópera

■ Cuanto más hables con tu hijo, más contribuyes al desarrollo de su cerebro.

■ Cantar es otra forma de utilizar la lengua, que además ayuda al niño a centrarse en las palabras y su significado.

■ Convierte la hora de la cena en una canción. En vez de decir: «¿Quieres un poco de leche?» o «Aquí tienes las patatas», cántaselo.

■ Es muy divertido.

¡Más!

SEGÚN LOS ÚLTIMOS ESTUDIOS:

Cuando el niño integra en su vida el ritmo y la melodía del lenguaje, el aprendizaje de la lectura resulta tan natural como aprender a andar y a hablar.

■ Cuando a un niño de dos años le gusta una poesía, un libro o una canción, siempre quiere volver a oírla. A veces resulta cargante, incluso, para la persona que está con él.

■ Cuando te pase eso mismo con un cuento, por ejemplo, pide al niño que te lo cuente él con sus propias palabras.

■ Lee el cuento pero deja algunos huecos para que tu hijo diga la palabra que falta. Es probable que ya se lo sepa de memoria.

■ Los cuentos sencillos que pueden memorizar son los que más les gustan a esta edad.

■ Leer cuentos ayuda al niño a aumentar el tiempo que puede mantener la atención en una cosa.

110

A los niños les encanta jugar. Es una actividad natural en ellos y siempre se les debe animar a jugar, porque es esencial para su desarrollo. A través del juego lo aprenden todo y lo ejercitan todo: la motricidad general, la motricidad fina, el pensamiento, etc.

Clasificación de juguetes

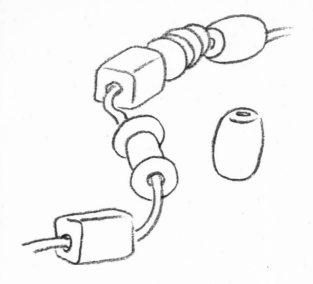

■ A los niños de dos años les gustan mucho sus juguetes. Cuantos más juegos inventes donde intervengan sus juguetes, más se divertirá tu hijo.

■ Siéntate en el suelo con el niño y con muchos juguetes alrededor.

■ Empezad por clasificarlos por el color. «Vamos a buscar todos los juguetes de color rojo y vamos a ponerlos juntos». Continuad clasificando por colores.

■ También podéis clasificarlos por tamaño, por características (juguetes con ruedas, animales, etc.)

■ Pregunta a tu hijo cómo le parece que tendríais que clasificar los juguetes. Seguro que entre los dos descubrís muchas formas de clasificarlos.

■ Este juego desarrolla la capacidad de pensamiento de tu hijo.

En busca del tesoro escondido

SEGÚN LOS ÚLTIMOS ESTUDIOS:

Aunque el cerebro aprende a lo largo de toda la vida, nunca vuelve a hacerlo de forma tan exuberante como a esta edad..

■ Esconde dos o tres «tesoros» en el exterior.

■ Ata un cordón o deja un trozo de papel cerca de los tesoros para que sean fáciles de encontrar.

■ Di a tu hijo de antemano en qué consisten los tesoros, por ejemplo:

- Juguetes pequeños escondidos debajo de unas hojas.

- Juguetes en las ramas bajas de un árbol.

- Juguetes en el asiento de un columpio o al final de un tobogán.

■ Recorred el patio tomados de la mano y buscad los tesoros.

■ Buscar tesoros es muy emocionante para los niños.

**SEGÚN LOS
ÚLTIMOS
ESTUDIOS:**

El movimiento
es lo único que
integra los
hemisferios
derecho e
izquierdo de los
jóvenes
aprendices.

El juego de la rayuela

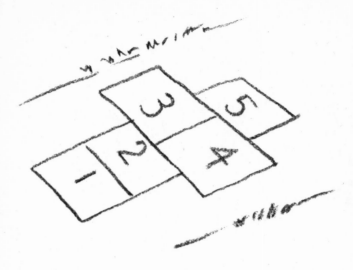

- Dibuja un juego de rayuela sencillo en la acera con cinco casillas.

- Enseña a tu hijo a tirar la piedra sobre una de las casillas. Podéis usar una piedra pequeña, una caja, un palo o cualquier objeto que no sea demasiado pequeño ni afilado.

- Después, di al niño que salte a la pata coja sobre la casilla.

- También podéis saltar con los dos pies, correr o desfilar hasta la casilla en cuestión.

- Este juego desarrolla la coordinación y el equilibrio y enseña a contar.

Juego de los perritos

SEGÚN LOS ÚLTIMOS ESTUDIOS:

El mayor crecimiento del cerebro tiene lugar entre el nacimiento y los seis primeros años de vida. Todos los investigadores están de acuerdo en que la personalidad, las actitudes, el concepto de uno mismo, la adquisición del lenguaje, el aprendizaje a través de la imitación y los esquemas mismos del aprendizaje se encuentran ya en su lugar a los tres años.

■ Decidid un rincón de la habitación, que será la casa donde jueguen los perritos.

■ Jugad a que tú eras el padre o la madre del cachorrito, que será tu hijo.

■ Pregunta a tu cachorrito cómo se llama y llámalo como él te diga durante el juego.

■ Dile, por ejemplo: «Guau, guau, guau, guau, (nombre del cachorro), vamos a saltar por encima de la casita».

■ Hazlo tú y di a tu hijo que haga lo mismo.

■ Seguid realizando acciones que los perritos pueden hacer en su casa. Pide al niño que diga también cosas que hacen los perritos.

■ En la casa de los perritos se puede saltar, desfilar, arrastrarse y hasta comer. Fingid que roéis un hueso o, incluso, comed algo de verdad en la casa de los perritos.

DE 33 A 36 MESES

114

SEGÚN LOS ÚLTIMOS ESTUDIOS:

Cada movimiento nuevo tiene que repetirse una y otra vez para reforzar las conexiones neuronales.

Tiro al cesto

■ Los cestos de la ropa son excelentes para practicar el «tiro al cesto».

■ Probad con objetos diversos, como pelotas, bolas de papel o pañuelos.

■ Cada objeto requiere una habilidad motriz distinta para arrojarlo al cesto.

■ Coloca el cesto a una distancia prudencial, de forma que tu hijo acierte a introducir el objeto.

■ Es una forma adecuada y divertida de desarrollar la coordinación.

La luna

SEGÚN LOS ÚLTIMOS ESTUDIOS:

La experiencia y los primeros vínculos de cariño tienen una influencia vital en la determinación de la estructura del cerebro. El niño conoce el mundo a través de los sentidos, lo cual permite al cerebro crear y modificar las conexiones.

■ Mira la luna con tu hijo (recuerda que a veces, la luna sale durante el día). Hacedlo varios días seguidos y hablad del tamaño y la forma que tiene cada noche.

■ Haz un dibujo de la luna tal como la veis cada noche. Es divertido comparar la forma y el tamaño cambiantes durante noches sucesivas.

■ Piensa en palabras para describir la luna, como redonda, gorda, alargada, delgada, etc.

■ Ésta es una forma muy adecuada para desarrollar la capacidad de observación de tu hijo.

116

Hielo de colores

SEGÚN LOS ÚLTIMOS ESTUDIOS:

El cerebro es un órgano que se organiza por sí solo. Las conexiones se encuentran ahí, esperando sólo las nuevas experiencias que transformen el cerebro en las redes neuronales del lenguaje, el razonamiento, el pensamiento racional, la resolución de problemas y los valores morales.

■ Haz unos cubitos con agua mezclada con colorantes alimentarios que no sean tóxicos.

■ Empieza con un color.

■ Pon los cubitos en un cuenco o en un recipiente irrompible y jugad con ellos. En la conversación, no te olvides de hablar del color. «Dame un cubito azul, por favor».

■ Utilizad los cubitos a modo de piezas de construcción y jugad a ponerlos unos encima de otros. Es muy divertido ver cómo se van fundiendo y, además, este proceso suscita toda clase de comentarios.

■ Haz otra cubitera, esta vez con dos colores. Comparadlos y nombradlos mientras jugáis a apilarlos. Cuando se vayan deshaciendo, obtendréis otro color. Por ejemplo, si los cubitos son rojos y amarillos, os saldrá un líquido anaranjado cuando se deshagan.

■ ¡Es un juego idóneo para un día de calor!

Pasos de colores

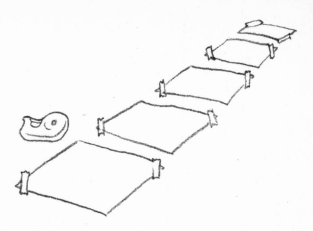

- Haz en el suelo un camino pegando papel de embalaje.

- Utiliza dos o tres colores diferentes para el camino.

- Cantad una canción que os guste mientras recorréis el camino, por ejemplo, «Vamos a contar mentiras».

- Cada vez que dejéis de cantar, dejad de andar también. Si tu hijo ya sabe los colores, pregúntale en qué color os habéis quedado.

- Desarrolla la orientación espacial de tu hijo con indicaciones como: «Ahora pasamos por encima del papel», «Ahora, pisando el papel», «Ahora, por un lado del papel».

- Podéis introducir otras modalidades, como saltar sobre un pie, saltar con los dos o andar de puntillas.

SEGÚN LOS ÚLTIMOS ESTUDIOS:

Durante los períodos críticos de crecimiento cerebral, se desarrollan dentro del cerebro unas fibras largas y delgadas que constituyen los caminos por donde se transmiten los impulsos eléctricos de unas células a otras. La red resultante, que aumenta a diario en el cerebro joven, forma la base neurológica sobre la que el niño construye los aprendizajes a lo largo de toda la vida.

**SEGÚN LOS
ÚLTIMOS
ESTUDIOS:**

El contacto con
la música
renueva los
circuitos
neuronales que
pueden reforzar
además los que
se utilizan en los
conceptos
matemáticos.

Juego de ritmo

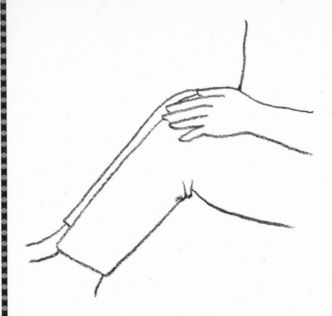

■ Decid estas frases con ritmo (por ejemplo, el de «Piedra, tijera y papel») y ejecutad las acciones.

Una, dos, tres,

nos tocamos el pie.

Una, dos, tres,

pie, pie, pie.

■ Repetidlo cambiando la parte del cuerpo, por ejemplo el brazo o el codo.

■ No es preciso que las palabras rimen siempre.

■ Los niños captan el ritmo y lo interiorizan.

Caja de sorpresas

SEGÚN LOS ÚLTIMOS ESTUDIOS:

Cada cerebro joven tiene su propio ritmo a la hora de establecer las conexiones neuronales y musculares necesarias para sentarse, gatear, andar y hablar.

■ Di las siguientes frases acompañándolas de las acciones; luego di al niño que lo haga a la vez que tú.

Soy una caja (agáchate con los brazos doblados sobre la cabeza)

muy misteriosa. (Mantén la postura escondiendo la cara.)

Ábreme y verás (poco a poco, levanta los brazos)

que soy maravillosa.

¡Risas frescas! (Salta y levanta los brazos del todo hacia arriba, como impulsado por un resorte.)

¡Caja de sorpresas!

120

SEGÚN LOS ÚLTIMOS ESTUDIOS:

Los escáneres cerebrales de los niños muestran que el crecimiento a esta edad es explosivo, hecho que les permite absorber y organizar información nueva a una velocidad muy superior a la de los adultos.

Magdalena buena

■ Adapta la melodía de «Una sardina», por ejemplo, a las siguientes palabras:

> *Magdalena, magdalena,*
> *buena, buena, buena.*
> *Magdalena, magdalena,*
> *buena, buena, ¡ya!*

■ Cantadlo jugando al corro. El niño repite cada verso como un eco y, el último, lo cantáis los dos a la vez dando una palmada al decir «¡ya!».

■ Busca cualquier par de palabras que rimen y cambia la letra.

■ Este juego ayuda al niño a aprender la técnica de la rima.

¡Ole, ole, ole, oh!

121

La naturaleza y el trato que el niño recibe se entretejen de forma inseparable. La naturaleza proporciona un órgano que busca experiencias y establece asociaciones. El trato guía el proceso y decide, en última instancia, qué caminos del cerebro serán utilizados y cuáles desechados.

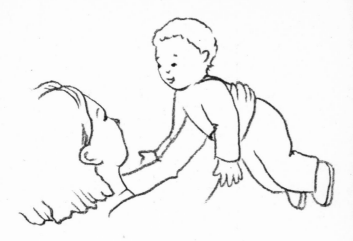

■ Esta rima sencilla producirá muchas conexiones en el cerebro de tu hijo de dos años.

■ Recítasela o ponle una música apropiada y cántasela.

> ¡Ole, ole, ole, oh!
>
> ¡Cuánto te quiero yo!
>
> ¡Ole, ole, ole, sí!
>
> ¿Quién te quiere más a ti?

■ Mientras se lo cantas o recitas, intenta llevar a cabo estas acciones:

- Daos las manos y bailad describiendo en corro.

- Álzalo en el aire y dale un beso al terminar el último verso.

SEGÚN LOS
ÚLTIMOS
ESTUDIOS:

Si las neuronas
de la vista y de la
motricidad no se
trabajan entre los
dos y los once
años, no
desarrollan la
plasticidad
suficiente en la
edad adulta
como para
«recordar» y
cumplir sus
funciones.

Mira lo que hago

■ Los juegos secuenciados con tu hijo son idóneos para prepararlo para el aprendizaje de la lectura.

■ Recita o canta las siguientes frases con una música apropiada:

Mira lo que hago, mira, mira, mira.
Mira lo que hago,
mira qué se hacer. (Da saltos.)

■ Repite la canción y, al final, añade otra actividad después de dar unos saltos.

■ Sigue cantando o recitando y añadiendo una actividad nueva cada vez.

■ Se puede añadir, por ejemplo, levantar un pie, dar palmas, girar sobre uno mismo, asentir con la cabeza, tocarse los pies, etc.

Instrumentos musicales

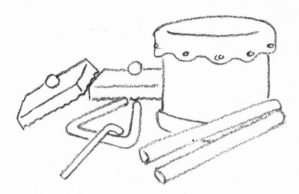

SEGÚN LOS ÚLTIMOS ESTUDIOS:

El doctor Mark Tramo, un neurocientífico de la facultad de medicina de Harvard, informó que el contacto con la música renueva los circuitos neuronales. Los circuitos que se forman con la música a edad temprana duran toda la vida, igual que muchos otros.

■ Pon al alcance de tu hijo varios instrumentos de percusión para que explore los diferentes sonidos que producen.

■ Empieza por el tambor, la lija, el triángulo y las claves.

■ El tambor: golpea en el borde y después en el centro. El sonido es agudo y grave respectivamente.

■ La lija: se frota una parte contra la otra; produce un curioso sonido que parece la lluvia.

■ El triángulo: golpéalo por todos los lados; produce sonidos más agudos y más graves.

■ Las claves: se golpean una contra otra, pero también puedes tocar sobre otras superficies. Al niño le encantará golpear en el suelo y después en la mesa, por ejemplo.

DE 33 A 36
MESES

SEGÚN LOS
ÚLTIMOS
ESTUDIOS:

Durante los tres
primeros años,
un niño
totalmente
dependiente
construye un
cerebro nuevo
increíblemente
complejo que es
el comienzo de
un nuevo niño
independiente.

Vamos a la compra

■ Di a tu hijo que te ayude a hacer la lista de la compra.

■ Llévalo al supermercado contigo y buscad los artículos de la lista.

■ Cuando volváis a casa, déjale que te ayude a guardar las cosas en su sitio y a «leer» las etiquetas, cajas, tapaderas y envases a medida que los guardáis.

■ Si es posible, prepara algo de comer con algunos ingredientes que hayáis comprado.

■ Alaba los esfuerzos del niño.

Hay que escoger

125

SEGÚN LOS ÚLTIMOS ESTUDIOS:

La segregación de ciertas endorfinas refuerza el funcionamiento de las conexiones del cerebro. Los sentimientos positivos y dichosos producen la segregación de endorfinas.

■ Juega a este juego de situaciones inventadas para ayudar a tu hijo a elegir.

■ Siéntate en el suelo con el niño y pon varios animales de trapo por el suelo cerca de vosotros.

■ Habla con uno de los animales. «Señor oso, ¿qué quiere hoy para comer, cereales o queso?» Di al niño que conteste por el señor oso.

■ Hablad de los pros y los contras de cada opción.

■ Coge otro muñeco y di: «Conejito, ¿hoy quieres jugar en casa o en la calle?».

■ Hablad otra vez de cada una de las opciones.

■ Es importante que el niño se quede a gusto con la elección que haga.

Bibliografía

Caine, Geoffrey, y Caine, Renate, *Making Connections: Teaching and the Human Brain*, Addison-Wesley, Chicago, 1994.

Carnegie Corporation of New York, *Starting Points: Meeting the Needs of Our Youngest Children*, Carnegie Corporation, Nueva York, 1994.

Gardner, Howard, *Inteligencias múltiples: la teoría en la práctica*, Paidós Ibérica, Barcelona, 1998.

Healy, Jane M., *Your Child's Growing Mind*, Doubleday, Nueva York, 1987.

Howard, Pierce J., *The Owners' Manual for the Brain: Everyday Application form Mind-Brain Research*, Leornian Press, Austin, Texas, 1994.

Kotulak, Ronald, *Inside the Brain: Revolutionary Discoveries of How the Mind Work*, Andrews and McMeel, Kansas City, Missouri, 1996.

Schiller, Pam, *Start Smart: Building Brain Power in the Early Years*, Gryphon House, Beltsville, Maryland, 1999.

Shore, Rima, *Rethinking the Brain: New Insights into Early Development*, Families and Word Institute, Nueva York, 1997.

Silberg, Jackie, *Juegos para hacer pensar a los bebés*, Oniro, Barcelona, 2000.

Sylwester, Robert, *A Celebration of Neurons: An Educator's Guide to the Human Brain*, Association for Supervision and Curriculum Development, Alexandria, Virginia, 1995.

EL NIÑO Y SU MUNDO

Títulos publicados:

Juegos

**JUEGOS PARA DESARROLLAR
LA INTELIGENCIA DEL BEBÉ**
SILBERG, J.

288 páginas
Formato: 15,2 x 23 cm. Rústica
El niño y su mundo 1

**JUEGOS PARA DESARROLLAR LA
INTELIGENCIA DEL NIÑO DE 1 A 2 AÑOS**
SILBERG, J.

288 páginas
Formato: 15,2 x 23 cm. Rústica
El niño y su mundo 2

LOS NIÑOS Y LA NATURALEZA
*Juegos y actividades para inculcar en los niños
el amor y el respeto por el medio ambiente*
HAMILTON, L.

200 páginas
Formato: 15,2 x 23 cm. Rústica
El niño y su mundo 6

300 JUEGOS DE 3 MINUTOS
*Actividades rápidas y fáciles para estimular
el desarrollo y la imaginación de los niños
de 2 a 5 años*
SILBERG, J.

192 páginas
Formato: 15,2 x 23 cm. Rústica
El niño y su mundo 9

JUEGOS PARA HACER PENSAR A LOS BEBÉS
*Actividades sencillas para estimular el desa-
rrollo mental desde los primeros días de vida*
SILBERG, J.

144 páginas
Formato: 15,2 x 23 cm. Rústica
El niño y su mundo 11

Convivir con niños

SIMPLIFICA TU VIDA CON LOS NIÑOS
100 maneras de hacer más fácil y divertida la vida familiar
St. James, E.

264 páginas
Formato: 18 x 17,8 cm. Rústica
El árbol de la vida 6

EDUCAR NIÑOS FELICES Y OBEDIENTES CON DISCIPLINA POSITIVA
Estrategias para una paternidad responsable
Stowe, V. K., y Thompson, A.

240 páginas
Formato: 15,2 x 23 cm. Rústica
El niño y su mundo 10

CÓMO CONTAR CUENTOS A LOS NIÑOS
Relatos y actividades para estimular la creatividad e inculcar valores éticos
Raines, S. C., e Isbell, R.

208 páginas
Formato: 19,5 x 24,5 cm. Rústica
El niño y su mundo 16